Vor einem Jahr

Die Ponys trabten hintereinander über den Reitplatz.

„Aussitzen!", rief Herr Lubitsch. „Ihr müsst entspannt im Sattel sitzen!"

Lisa saß entspannt im Sattel. Sie und Wirbelwind schienen eine Einheit zu sein. Die weichen Bewegungen des Pferdes wurden von Lisa ebenso weich erwidert.

Herr Lubitsch, der mit Lob normalerweise sehr sparsam umging, sagte einmal, Lisa habe einen goldenen Hintern.

Einen goldenen Hintern hatte Lisas Freundin Laura nicht, auch wenn sie für eine Neunjährige schon recht gut ritt. Aber sie musste sich viel mehr anstrengen als Lisa, bei der alles immer so leicht und locker aussah.

Während die Ponys im Kreis trabten, gab Herr Lubitsch seine Anweisungen.

„Rücken gerade, Jessica!

Anne, nimm die Hände tiefer!

Mareike, du sollst die Zügel straffer halten!

Fersen nach unten, Laura!"

Nichts entging seinen scharfen Augen, selbst die kleinsten Fehler sah er. Als Herr Lubitsch endlich zufrieden war, sollten die Ponys zum Abschluss der Stunde noch

3. Lesestufe

Manfred Mai • Ulrieke Ruwisch

Die schönsten Pferdegeschichten

Mit Bildern von
Silvio Neuendorf und Silke Voigt

Ravensburger Buchverlag

Bibliografische Information Der Deutschen Bibliothek:

Die Deutsche Bibliothek verzeichnet diese Publikation
in der Deutschen Nationalbibliografie.
Detaillierte bibliografische Daten sind im Internet
über **http://dnb.ddb.de** abrufbar.

1 2 3 08 07 06

Ravensburger Leserabe
Diese Ausgabe enthält die Bände
„Laura, du schaffst das!" von Manfred Mai,
mit Illustrationen von Silvio Neuendorf und
„Pferdegeschichten" von Ulrieke Ruwisch,
mit Illustrationen von Silke Voigt
© 2000, 2004 für die Einzelbände und
© 2006 für diese Ausgabe
Ravensburger Buchverlag Otto Maier GmbH
Umschlagbild: Silvio Neuendorf
Umschlagkonzeption: Sabine Reddig
Redaktion: Sabine Schuler
Printed in Germany

ISBN-3-473-36096-1

www.ravensburger.de
www.leserabe.de

Inhalt

Manfred Mai

Laura, du schaffst das!

Seite 5

Ulrieke Ruwisch

Pferdegeschichten

Seite 97

Leserätsel

Seite 185

Manfred Mai

Laura,
du schaffst das!
Eine Pferdegeschichte

Mit Bildern von Silvio Neuendorf

Inhalt

Vor einem Jahr	9
Eine Überraschung für Laura	23
Ein neuer Anfang	29
Auf dem Pferdemarkt	40
Eine Koppel für Winni	56
Nicht zu bremsen	63
Der erste Ausritt	75
Ich und du	86

eine Runde galoppieren. Aber Prinzessin trabte einfach weiter, so schnell, dass Laura abfedern musste und nicht im Sattel sitzen bleiben konnte.
„Was ist denn los, Laura?", rief Herr Lubitsch. „Wenn du abfederst, geht Prinzessin nie im Galopp. Der Hintern bleibt im Sattel und mit dem inneren Schenkel musst du sie antreiben!"
Laura strengte sich an – und schaffte es.

Prinzessin fiel in einen leichten Galopp.

„Richtig aussitzen!", rief Herr Lubitsch.

„Und den Schenkeldruck nicht
vergessen!"

Auch bei den anderen Mädchen
korrigierte er wieder ununterbrochen.
Sogar bei Lisa, die ihm jetzt zu locker im
Sattel saß. „He, Lisa, wir sind hier nicht im
Zirkus!"

„Jaja!", brummte Lisa und ritt die letzte
Runde wieder vorbildlich.

„Schluss für heute!", rief Herr Lubitsch.

„Schritt und langer Zügel!"

Nach der Stunde sattelten die Mädchen
ihre Ponys ab und begannen sie zu
putzen und zu striegeln. Danach führten
Laura und Lisa ihre Ponys in den Stall.
Als Prinzessin in der Box stand, suchte
sie mit den Lippen die Taschen von
Lauras Reithose ab.

„He, du freches Schleckermaul!", sagte Laura. „Ich habe nichts mehr für dich."
Prinzessin wieherte, als wollte sie sagen: Das glaube ich nicht.
„Was, du glaubst mir nicht?", fragte Laura. „Dann schau mal her!" Sie wollte Prinzessin ihre leere Hosentasche zeigen, da kam noch eine halbe Möhre zum Vorschein. „Na, so was", murmelte sie überrascht. „Die hast du wohl gerochen." Prinzessin machte den Hals lang und holte die Möhre mit ihren weichen Lippen von Lauras flacher Hand.
„Jetzt hast du's wieder gesehen", sagte Lisa, die alles genau beobachtet hatte, „manchmal sind die Ponys klüger als wir."
Laura nickte, klopfte Prinzessin liebevoll den Hals und flüsterte: „Und du bist besonders klug."
„Wirbelwind ist genauso klug", sagte Lisa.

14

„Klar", sagte Laura. „Prinzessin und Wirbelwind sind die klügsten Ponys auf der ganzen Welt."

Lisa widersprach nicht.

Nachdem sich die Mädchen von den Ponys verabschiedet hatten, gingen sie zu ihren Fahrrädern und machten sich auf den Heimweg.

Die Reitschule liegt am Dorfrand, Laura und Lisa brauchten höchstens zehn Minuten bis nach Hause – wenn sie unterwegs nicht trödelten.

„Kommst du mit zu mir?", fragte Lisa.

„Heute gehen wir mal wieder zu mir",

antwortete Laura. „Bei mir können wir im Garten spielen."

„Bei mir in meinem Zimmer", sagte Lisa. Während jede versuchte, die andere zu überreden, erreichten sie die Hauptstraße, die sie überqueren mussten. Von links kamen drei Autos, die ließen sie vorbei. Von rechts näherte sich ein Laster, trotzdem fuhr Lisa los.

Laura war überrascht. Sie zögerte, trat dann aber doch in die Pedale und fuhr hinter ihrer Freundin her. Die schaffte es bis zur anderen Straßenseite, Laura nicht.

Obwohl der Fahrer bremste und noch versuchte auszuweichen, erwischte er Laura mit dem rechten Vorderrad.

„Laura!", rief Lisa. Sie ließ ihr Rad fallen und lief zu ihrer Freundin. Als sie aber Laura unter dem Laster liegen sah und das viele Blut drum herum, kniff sie schnell die Augen zu.

Der Fahrer sprang aus dem Führerhaus und lief zu Laura. „Mein Gott!", sagte er und starrte Laura an.

„Lebt sie?", fragte plötzlich eine Männerstimme hinter ihm.

Der Fahrer zuckte mit den Schultern.

„Wir müssen schnell einen Krankenwagen rufen und einen Druckverband anlegen, damit sie nicht zu viel Blut verliert", sagte der Mann und holte den Verbandskasten aus seinem Auto.

Der Fahrer sprang ins Führerhaus und

forderte per Handy einen Krankenwagen an.

Inzwischen hatte eine Frau hinter dem Laster gehalten. Sie half dem Mann, das schwer verletzte rechte Bein von Laura zu verbinden.

Lisa stand immer noch am gleichen Platz. Inzwischen hatte sie die Augen wieder geöffnet und sah alles wie durch einen Schleier.

„Laura", sagte sie leise.

Immer mehr Menschen versammelten sich an der Unfallstelle. Manche wollten helfen, andere gafften nur.

Zum Glück dauerte es nicht lange, bis der Krankenwagen kam. Laura wurde kurz untersucht, auf eine Trage gelegt und in den Krankenwagen geschoben, der sofort mit Blaulicht und Martinshorn losfuhr.
Lisa stand wie benommen am Straßenrand. Ein Polizist fragte sie etwas, aber Lisa konnte nicht antworten. Ihr Kopf war völlig leer.
„Ich bringe sie nach Hause", sagte ein Mann.
Der Polizist nickte.

Zu Hause warf sich Lisa weinend in Mamas Arme. Es dauerte lange, bis sie sich beruhigte und reden konnte.

Stockend erzählte sie, wie alles passiert war. Dann fragte sie leise: „Wird Laura wieder gesund?"

„Bestimmt", antwortete Mama.

Lisa hoffte sehr, dass ihre Mama Recht hatte. Aber die vielen schlimmen Bilder in ihrem Kopf ließen sie zweifeln.

Lisas Zweifel waren berechtigt. Ihre Freundin schwebte zwei Tage zwischen Leben und Tod. Am dritten Tag verbesserte sich Lauras Zustand und am vierten bestand nach Aussagen der Ärzte keine Lebensgefahr mehr. Aber Lauras rechtes Bein war so schwer verletzt, dass die Ärzte es trotz aller Bemühungen nicht retten konnten. Es musste bis unter das Knie amputiert werden.

Für Laura begann eine sehr schwere Zeit. Zuerst wollte sie einfach nicht glauben, dass ihr ein halbes Bein fehlte. Sie weinte, schrie, jammerte und tobte. Oft lag sie auch völlig teilnahmslos im Bett, wollte nichts sehen und nichts hören. Sie dachte immer wieder, das alles sei ein böser Traum, aus dem sie mit zwei gesunden Beinen aufwachen werde. Wenn sie dann ihr halbes Bein sah, wünschte sie sich manchmal, tot zu sein. Nur sehr langsam konnte sich Laura an den Gedanken gewöhnen, mit eineinhalb Beinen leben zu müssen.

Auch für Lisa war dieser Gedanke schrecklich. Sie machte sich Vorwürfe, weil sie als Erste über die Straße gefahren war. Und obwohl alle sagten, sie habe keine Schuld an dem Unfall, quälte sie ihr Gewissen. Es dauerte lange, bis Lisa ihre Freundin im Krankenhaus besuchen konnte. Und als sie das halbe Bein sah, lief sie weinend aus dem Zimmer. Nur mit viel Geduld schafften es die Eltern, Ärzte und Psychologen, die beiden Mädchen an die neue Situation zu gewöhnen.

Eine Überraschung für Laura

Inzwischen ist mehr als ein Jahr seit dem Unfall vergangen. Laura hat eine sehr gute Prothese und kann sich damit schon prima bewegen. Nur auf ein Fahrrad und auf ein Pony hat sie sich seit dem Unfall nicht mehr gesetzt.

„Hättest du denn wieder Lust zu reiten?", fragt Mama eines Tages beim Mittagessen.

Laura ist so überrascht, dass sie sich verschluckt und kräftig husten muss. Papa klopft ihr auf den Rücken. Als sie wieder bei Stimme ist, fragt Laura: „Kann ich denn reiten?"

„Ob du es noch kannst, weiß ich natürlich nicht", antwortet Mama, „aber du darfst – wenn du möchtest."

„Wirklich?"

Papa nickt. „Wir haben mit Dr. Seebalt gesprochen. Er hat nicht nur nichts dagegen, er meint sogar, es würde dir gut tun. Allerdings schlägt er vor, dass du nicht in die Reitschule von Herrn Lubitsch gehst …"

„Warum nicht?", fragt Laura dazwischen.

„Ja … also … Dr. Seebalt meint …", Papa stockt.

„Dr. Seebalt hat vorgeschlagen, dass wir dich in eine besondere Reitschule bringen sollen", sagt Mama.

„Was für eine besondere Reitschule?"

Mama und Papa schauen sich an.

„Nun sagt schon!", drängelt Laura.

Papa fährt sich mit der Hand durchs Haar, wie immer, wenn er nicht recht weiter weiß. „In Albstadt gibt es einen Reitklub für … Behinderte …"

„Für Behinderte?", fragt Laura und guckt ihren Papa an, als müsse sie sich verhört haben.

„Laura …"

„Ich bin doch nicht behindert!" Laura springt auf, dass ihr Stuhl nach hinten kippt und polternd auf den Boden fällt. Mama hält sie fest. „Natürlich bist du nicht behindert!"

Laura reißt sich los und hüpft durchs Zimmer. „Ich kann hüpfen und laufen und bekloppt bin ich auch nicht!"

„Laura!", rufen Mama und Papa gleichzeitig.

Laura bleibt stehen, fängt an zu weinen und wirft sich Mama in die Arme. „Ich bin doch nicht behindert", nuschelt sie in Mamas Pulli.

„Nein, mein Schatz, natürlich nicht", sagt Mama und streicht ihr zärtlich übers Haar. Nach einer Weile versucht es Papa noch einmal. „Dr. Seebalt meint doch nur, der normale Reitbetrieb bei Herrn Lubitsch sei am Anfang noch nichts für dich."

„Ich reite nicht bei Behinderten", entgegnet sie. „Dann lieber gar nicht." Wieder fährt sich Papa durchs Haar.

„Vielleicht sollte sie es einfach mal bei Herrn Lubitsch versuchen", sagt Mama. „Am besten mit ein paar Einzelstunden. Dann sehen wir ja, wie es geht."

„Mhm", macht Papa. „Das ist keine schlechte Idee. Was meinst du, Laura?" Sie nickt nur.

„Und wenn es mit dem Reiten klappt, gibt's eine Überraschung", sagt Papa.

„Was für eine Überraschung?"
Papa will noch nichts verraten.
„Jetzt hast du gegackert, jetzt musst du
das Ei auch legen", sagt Mama.
Laura guckt ihre Mama erstaunt an. „Papa
ist doch kein Huhn."
„Genau", sagt Papa. „Verteidige mich!"
Weil Laura das Wortgeplänkel ihrer Eltern
nicht versteht, erklärt Mama, wie sie das
mit dem Gackern und Legen gemeint hat.
„Ach so", murmelt Laura. „Und was ist das
für eine Überraschung?"
Papa räuspert sich. „Also wenn es mit
dem Reiten klappt, bekommst du ein
eigenes Pony."
Laura sperrt Mund und Augen auf. „Ein …
ein eigenes Pony …"
„Nur für dich allein", bestätigt Mama.
Da schlingt Laura die Arme um Mamas
Hals und drückt sie, so fest sie nur kann.

28

Ein neuer Anfang

Drei Tage später ist es dann so weit:
Laura fährt mit ihren Eltern zur Reitschule.
Neben Laura sitzt Lisa, weil Laura ihre
Freundin unbedingt dabeihaben will.
Lisa fühlt sich unbehaglich. Als sie sich
der Unfallstelle nähern, klopft ihr Herz wie
wild. Sie weiß nicht, wohin sie schauen
soll.
Laura legt ihre Hand auf Lisas Hand und
lässt sie dort, bis Papa das Auto vor der
Reithalle parkt. Sie steigen aus und gehen
zum Reitplatz. Dort trainieren drei
Mädchen und ein Junge.

„Denk dran, Ulrike, das Hindernis ist jetzt zehn Zentimeter höher!", ruft Herr Lubitsch. „Du musst Ramona vor dem Sprung also mehr antreiben!"
Ulrike reitet zum Ende des Platzes, wendet und galoppiert auf das Hindernis zu. Direkt davor nimmt sie Ramona kurz zurück, dann lässt sie das Pferd springen, stellt sich in die Steigbügel und beugt sich weit nach vorn. Ohne Probleme fliegen sie über die Stange.
„Gut so!", ruft Herr Lubitsch. „Da waren noch mindestens zwanzig Zentimeter Luft."

Als Herr Lubitsch Laura mit ihren Eltern und Lisa bemerkt, sagt er: „Guten Tag zusammen! Wir sind gleich fertig, es dauert nur noch ein paar Minuten."

Papa nickt. „Lassen Sie sich nur Zeit, wir sind sowieso zu früh dran."

Herr Lubitsch geht zum Hindernis und legt die Stange noch mal höher. Die drei Mädchen und der Junge schaffen mit ihren Pferden auch diese Höhe.

„Das reicht für heute", sagt Herr Lubitsch. „Reitet eure Pferde trocken und bringt sie in den Stall."

Er kommt über den Reitplatz, gibt Lauras Eltern und den beiden Mädchen die Hand.

„Schön, dass du wieder da bist, Laura."

„Ich freu mich auch."

„Wir holen Prinzessin für dich – oder möchtest du lieber ein anderes Pony reiten?", fragt Herr Lubitsch.

Laura schüttelt den Kopf.

Sie gehen in den Stall. Herr Lubitsch öffnet Prinzessins Box und führt sie heraus.

„Hallo, Prinzessin", sagt Laura und streichelt sie vorsichtig.

Das Pony wiehert leise, macht den Hals lang und scheint etwas zu riechen. Laura holt einen Apfel aus der Hosentasche, gibt ihn Prinzessin und tätschelt liebevoll ihren Hals. Herr Lubitsch bittet Lisa, Sattel und Zaumzeug aus der Sattelkammer zu holen.

„Das kann ich doch selbst holen", sagt Laura.

„Äh … ja … wenn du meinst", stottert Herr Lubitsch.

Die Mädchen gehen zusammen in die Sattelkammer. Laura bringt den Sattel, Lisa das Zaumzeug. Und zusammen

machen sie Prinzessin für Lauras erste Reitstunde nach über einem Jahr fertig.
„Wir gehen in die Halle, dort sind wir ungestört", sagt Herr Lubitsch.
Laura führt Prinzessin in die Halle, die anderen folgen ihnen. Herr Lubitsch will Laura beim Aufsitzen helfen, aber sie möchte es allein versuchen. Sie schiebt den linken Fuss in den Steigbügel und stößt sich mit dem rechten Fuß ab. Beim ersten Mal klappt es noch nicht. Auch beim zweiten Mal hat sie noch zu wenig Schwung. Doch beim dritten Versuch

klappt es. Sie streift zwar mit dem rechten Fuß noch die Kruppe, aber sie sitzt im Sattel.

„Prima!", lobt sie Herr Lubitsch. Er überprüft die Gurte und zieht sie noch etwas nach. Dann holt er ein langes Seil und befestigt es am Zaumzeug.

Laura ist überrascht und enttäuscht. Sie hat nicht erwartet, dass Herr Lubitsch sie an der Longe führen wird wie eine Anfängerin.

„Dann wollen wir mal", sagt er.

Laura tickt Prinzessin mit den Fersen an, das Pony geht im Schritt. Laura spürt die Bewegungen und genießt es.

Herr Lubitsch korrigiert erst mal gar nichts und lässt Laura einfach drei Runden reiten. Dann fragt er: „Na, wie ist es?"

„Schön", antwortet Laura. „Nur ein bisschen langsam."

Er lächelt. „Wenn du traben möchtest, musst du zuerst aufrecht sitzen, die Fersen tiefer nehmen und die Zügel straffer halten."

Laura macht alles und schaut kurz zu Herrn Lubitsch. Der nickt. „Du bist die Reiterin und musst dem Pony sagen, was es tun soll. Die Longe halte ich nur zur Sicherheit."

Laura lässt Prinzessin leicht traben. Sie bemüht sich, aus dem Sattel zu kommen und sich wieder fallen zu lassen, aber sie ist noch viel zu verkrampft. Trotzdem korrigiert Herr Lubitsch sie auch jetzt noch nicht.

Lauras Eltern und Lisa stehen hinter der Bande und beobachten alles.

„Wie macht sie sich denn?", fragt Lauras Mama leise. „Mein Mann und ich sehen das nicht so genau. Wir haben nämlich nicht viel Ahnung vom Reiten."

„Gut", antwortet Lisa schnell.

„Sie wirkt ziemlich steif, finde ich", sagt Lauras Papa.

„Wenn man lange nicht geritten ist, muss man sich erst wieder an das Pony gewöhnen", erwidert Lisa.

„Mhm", macht er nur.

Nach einigen Runden sitzt Laura schon

lockerer im Sattel. Herr Lubitsch dreht sich zu ihren Eltern um und nickt ihnen zu. „Das ist schon recht ordentlich", lobt er Laura. „Nimm Prinzessin jetzt zurück und reite im Schritt, damit du dich ein wenig ausruhen und entspannen kannst."

Normalerweise korrigiert Herr Lubitsch während der Stunde viel mehr. Aber heute hält er sich bei Laura sehr zurück und fragt zum Schluss: „Na, wie geht's? Wie fühlst du dich?"

„Gut, aber es ist doch ganz schön anstrengend."

„Das ist kein Wunder nach so einer langen Pause", sagt er. „Du musst nur Geduld haben, dann schaffst du es. Da bin ich ganz sicher."

Laura nickt.

Herr Lubitsch lässt Laura mehrmals abwechselnd im Schritt reiten und traben.

Immer an der Longe. Hin und wieder korrigiert er auch etwas. Laura gibt sich Mühe, alles richtig zu machen, was ihr aber noch nicht gelingt.

Nach einer halben Stunde beendet Herr Lubitsch das erste Training. Er will Laura beim Absitzen helfen, aber sie möchte es allein probieren.

„Laura, das kannst du nicht!", ruft ihre Mutter.

„Doch!", sagt Laura. Sie beugt sich ein wenig nach vorn, hält sich mit der rechten Hand am Sattel fest und schwingt das rechte Bein über die Kruppe. Dann rutscht sie nach unten, bis sie auf dem Boden steht. „Hast du gesehen, dass ich es kann!"

Mama schüttelt den Kopf und lächelt. „Du darfst es aber nicht gleich übertreiben."

„Keine Angst", beruhigt sie Herr Lubitsch,

„dafür werde ich schon sorgen. Für den Anfang war das jedenfalls schon sehr beachtlich." Er klopft Laura anerkennend auf die Schulter.
Laura strahlt über das ganze Gesicht.

Auf dem Pferdemarkt

Nach der fünften Reitstunde reden Lauras
Eltern mit Herrn Lubitsch.

„Für ein Mädchen mit … mit einer
Prothese reitet Laura wirklich prima", sagt
er.

„Aber?", fragt Lauras Vater. „Der Satz
klingt so nach einem Aber."

„Ja, wie soll ich es sagen", druckst
Herr Lubitsch herum. „Sie hat … ihr fehlt
eben das Gefühl im rechten Bein."

„Das ist ja wohl klar."

„Natürlich", sagt Herr Lubitsch schnell.
„Das ist auch kein Vorwurf, sondern nur
eine Feststellung."

Lauras Mutter möchte wissen, was diese
Feststellung bedeutet.

„Laura kann selbstverständlich reiten,
wenn sie es möchte", antwortet Herr

Lubitsch. „Aber eben nur als Hobby, nicht mit dem Ziel, an Turnieren teilzunehmen. Das würde sie nicht schaffen."

„Wenn das alles ist", sagt Lauras Vater, „damit haben wir keine Probleme. Hauptsache, Laura kann wieder reiten und es macht ihr Freude. Olympiasiegerin braucht sie nicht zu werden."

„Und was schlagen sie für die Zukunft vor?", fragt Lauras Mutter. „Braucht Laura noch Einzelstunden oder kann sie am Gruppenunterricht teilnehmen?"

Herr Lubitsch reibt sich das Kinn. „Mit Gruppen ist es leider nicht so einfach. Für die Anfänger reitet Laura viel zu gut, da würde sie sich bald langweilen. Und zu den Fortgeschrittenen kann ich sie schlecht nehmen, weil ich die schon auf Turniere vorbereite. Am besten wären meiner Meinung nach in den nächsten Wochen Einzelstunden, damit Laura noch sicherer wird."

„Gut", sagt Lauras Vater, „wir kennen jetzt ihre Meinung und werden mit Laura besprechen, wie es weitergehen soll."
Sie verabschieden sich und fahren nach Hause.
Zu Hause versuchen sie, ihrer Tochter schonend beizubringen, was Herr Lubitsch gesagt hat. Obwohl Laura längst ahnt, dass sie mit einer Prothese keine große Reiterin werden kann, ist sie doch

enttäuscht. Vor ihrem Unfall hatte sie nämlich immer den Wunsch gehabt, später Turniere zu reiten. Und so ganz hat sie die Hoffnung nie aufgegeben. Deswegen ist sie jetzt den Tränen nahe und ruft: „Dann kann ich ja gleich wieder aufhören!"

Mama nimmt sie in die Arme.

„Hauptsache, du kannst überhaupt wieder reiten, mein Schatz. Das hätten wir vor einem halben Jahr noch nicht zu träumen gewagt."

„Aber ich …"

„Einen Schritt nach dem andern",
unterbricht Papa sie. „Wir haben gesehen,
dass du wieder reiten kannst. Und
Herr Lubitsch hat dich ja auch sehr gelobt.
Jetzt sollst du, wie versprochen, ein
eigenes Pony bekommen. Wenn du mit
dem dann fleißig trainierst, kannst du
später vielleicht doch mal Turniere reiten."
„Bekomme ich wirklich ein eigenes
Pony?"
Papa nickt. „Ich habe mich schon
erkundigt. Am Samstag ist in der Nähe
von Stuttgart ein großer Pferdemarkt. Da
fahren wir hin."
Laura schlingt die Arme um ihren Papa,
drückt ihren Kopf gegen seinen Bauch
und nuschelt etwas in seinen Pulli, was
niemand versteht.
Am frühen Samstagmorgen fahren sie los.
Nach einer guten Stunde sieht Papa am

Straßenrand ein handgemaltes Schild, auf dem „Pferdemarkt" steht. Ein dicker roter Pfeil zeigt nach rechts.

Mama biegt an der nächsten Kreuzung rechts ab. Laura kann es kaum noch erwarten, bis sie endlich da sind. Als sie dann die vielen Autos auf dem Parkplatz und entlang der Straße sieht, sagt sie: „Wir hätten früher losfahren sollen. Jetzt sind schon so viele Leute vor uns hier, dass wir vielleicht gar kein Pferd mehr bekommen."

Papa schaut nach hinten und schüttelt den Kopf. „Das glaub ich nicht. Wir finden ein Pferd für dich, wenn nicht heute, dann eben ein andermal."

Mama entdeckt eine Lücke zwischen zwei Autos und parkt rückwärts ein. Dann müssen sie noch ein Stück gehen. Laura staunt, denn so viele Pferde hat sie nicht erwartet. Sie weiß gar nicht, wohin sie schauen soll. „Guckt mal, das ist ein

schöner Schimmel! Und der Fuchs ist
auch schön!"
„Aber die sind doch viel zu groß für dich",
sagt Mama. „Wir müssen Ponys suchen."
Es dauert nicht lange, bis sie vor den
ersten stehen.
„Das soll ein Pony sein?", fragt Mama
verwundert. „Das ist ja fast so groß wie
die Pferde da drüben."
„Wir haben auch kleinere", sagt der

Händler und führt sie zu einem schwarzen Islandpony.

„Einen Rappen will ich nicht", murmelt Laura.

„Das ist aber eines der schönsten Ponys hier", preist der Händler den Rappen an. „Und sehr kräftig. Auf dem kannst nicht nur du reiten, das kann sogar deine Eltern tragen."

„Wir wollen nicht reiten", erwidert Mama.

Dann gehen sie weiter, weil ihnen der Händler zu aufdringlich ist.

Manche Händler bieten ihre Pferde wie Marktschreier an. Andere handeln und feilschen mit Kunden lautstark über Preise. Lauras Vater spitzt die Ohren.

„Ziemlich teuer", meint er.

„Aber ich kriege doch trotzdem eines?", fragt Laura besorgt.

Mama drückt Lauras Hand ein wenig

48

fester. „Keine Angst, mein Schatz, du bekommst dein Pony."
Sie gehen langsam über den Markt, sehen sich die Ponys an, bleiben da und dort stehen.
„Das ist doch ein schönes Pony", sagt Mama und zeigt auf eine Fuchsstute. „Und es ist auch nicht so groß."
Laura macht ein paar Schritte auf das Pony zu. Seine Ohren drehen sich wie kleine Radarschirme.
„Hallo!", sagt Laura leise.
Das Pony hebt den Kopf, zieht die Oberlippe hoch und atmet tief ein.

„Pass auf!", ruft Papa, weil er denkt, das Pony fletsche die Zähne und wolle Laura beißen.

„Aber Papa, es flehmt doch nur", erklärt Laura.

„Ihre Tocher scheint sich wirklich gut auszukennen", sagt ein Mann, der neben dem Pferdehänger steht.

Laura hebt die Hand und streicht dem Pony sacht über den Kopf, bis zu der weichen Nase. Dann dreht sie sich um und sagt: „Das möchte ich."

„Aber … aber … du kannst … das Pony ist …", stammelt der Mann.

„Ist es schon verkauft?", fragt Papa.

Der Mann schüttelt den Kopf.

„Was denn dann?"

„Es … es ist fast blind."

Laura starrt den Mann mit großen Augen und offenem Mund an.

„Blind?", fragt Mama, als könne sie nicht glauben, was sie eben gehört hat.
„Warum bieten sie es dann überhaupt hier an?", möchte Papa wissen.
Der Mann klopft dem Pony den Hals.
„Weil Winni ein prima Pony ist – nur leider für den Reitbetrieb nicht mehr zu gebrauchen. Aber sie kann noch einige Fohlen zur Welt bringen."

Papa zuckt mit den Schultern. „Schade, unsere Tochter hätte das Pony gern gehabt, aber …"

„Ich möchte es immer noch", fällt Laura ihrem Papa ins Wort.

Er guckt sie überrascht an. „Du hast doch gehört, dass es fast blind ist."

Laura bewegt eine Hand dicht vor Winnis Augen hin und her. Winnis Kopf folgt der Hand. „Sie ist gar nicht blind, sie sieht meine Hand."

„Ja, sie sieht noch ein wenig", bestätigt der Mann, „aber seit einem halben Jahr lässt Winnis Sehkraft leider immer mehr nach."

Laura möchte Winni trotzdem haben. Ihre Eltern sind nicht einverstanden und wollen sich weiter auf dem Markt umsehen. Aber Laura weicht nicht von Winni. Papa versucht, Laura das halb blinde Pony

52

auszureden. Mama versucht ihr einzureden, dass es noch schönere Ponys als Winni gibt. Doch sie reden wie gegen eine Wand.

„Mit einem blinden Pony kannst du nicht trainieren und keine Turniere reiten", macht Papa einen letzten Versuch.
„Das kann ich ja sowieso nicht", entgegnet Laura.

„Vor ein paar Tagen hat sich das aber noch ganz anders angehört."

Laura schweigt. Sie dreht sich zu dem Pony und streichelt es.

„Nur weil du nicht mehr gut siehst, will dich niemand haben", murmelt sie. „Die sind alle ganz gemein. Aber ich will kein anderes Pony, ich will nur dich."

„Laura, nun sei bitte vernünftig", sagt Papa. „Wir können doch kein blindes Pony kaufen."

„Warum nicht?", fragt Laura. „Ich kann mit meinem halben Bein ja auch nicht mehr richtig laufen und ihr habt mich trotzdem nicht weggeschickt."

Ihre Eltern sind einen Augenblick lang sprachlos. Dann sagt Mama: „Das ... das ist doch etwas völlig anderes."

„Ist es nicht", widerspricht Laura. „Winni kann nicht mehr richtig sehen, ich kann nicht mehr richtig gehen. Aber ich kann ihr den Weg zeigen und sie kann mich tragen. Also passen wir zwei gut zusammen."

Eine Koppel für Winni

Laura hat es geschafft. Winni bekommt einen Platz im Stall von Herrn Lubitsch. Aber dort steht sie den ganzen Tag in einer Box und das findet Laura nicht gut. Außerdem möchte sie ihr Pony näher bei sich haben, am liebsten im Garten. Die Eltern sind von dieser Idee nicht gerade begeistert. Aber Laura gibt wieder mal keine Ruhe.

„Du klagst doch immer, dass du so viel mähen musst, weil unser Garten so groß ist", sagt sie zu ihrem Vater.

„Ja, schon …"

„Wenn wir die Hälfte zu einer Koppel für Winni machen, hast du weniger Arbeit", meint Laura.

„Hahaha!", lacht er künstlich. „Von weniger Arbeit kann wohl keine Rede sein, wenn wir ein Pony im Garten haben."

„Wenn wir Winni nicht in den Garten holen, muss ich jeden Tag mit dem Fahrrad zum Reitstall fahren, vielleicht sogar zwei- oder dreimal", sagt Laura.

„Kommt nicht in Frage!", entgegnet Mama.

„Dann müsst ihr mich jedes Mal hinfahren!"

„Hm", macht Mama und schaut ihren Mann an. „Ich weiß nicht so recht."

Bevor Papa etwas sagen kann, nimmt Laura ihn an die Hand. „Kommt mal mit, ich muss euch etwas zeigen!"

Sie führt ihre Eltern in den Garten, der so groß ist, dass noch zwei Häuser Platz darin hätten. Ungefähr in der Mitte bleibt Laura stehen. „Wenn hier ein Zaun hinkommt, hat Winni genug Platz und wir haben immer noch einen schönen Garten."

Den Eltern bereitet die Vorstellung von einem Pony im Garten immer noch Probleme. Aber wie beim Kauf von Winni lässt Laura so lange nicht locker, bis sie schließlich zustimmen.

Ein paar Tage später ist der halbe Garten zu einer Koppel geworden. An der Südseite des Geräteschuppens ist jetzt ein Unterstand für Winni.

Herr Lubitsch bringt Winni in einem Pferdehänger. Laura nimmt sie in Empfang und führt sie auf die Koppel.

„Hier bist du jetzt zu Hause", sagt sie leise und hält ihr einen Apfel unters Maul.

Winni riecht ihn, sucht mit ihren weichen Lippen und schwupp, schon hat sie ihn im Maul. Während Winni kaut, streichelt Laura sie zärtlich.

„Komm, ich zeige dir alles", sagt sie und führt Winni zuerst am Zaun entlang.

„Hier ist ein Unterstand für dich. Da kannst du reingehen, wenn es regnet und stürmt oder wenn du mal deine Ruhe haben möchtest."

Winni zieht die Luft ein und ihre Ohren drehen sich nach allen Richtungen. Laura lässt ihr Zeit, die vielen neuen Gerüche und Geräusche aufzunehmen. Dann führt sie ihr Pony zu dem Apfel- und dem Pflaumenbaum. „Unter die Bäume kannst du dich stellen oder legen, wenn es dir im Sommer zu warm wird. Dann bist du im Schatten."

Winni wiehert und dieses Wiehern hört sich so an, als habe sie alles verstanden und sei zufrieden. Laura gibt ihr noch mal einen Apfel und streichelt sie wieder.

Lauras Eltern und Herr Lubitsch stehen am Gatter und beobachten die beiden.

„Ich finde es schön für Laura, dass sie ihr Pony im eigenen Garten hat", sagt Herr Lubitsch. „Aber ich sehe da ein Problem."

„Welches?"

„Ponys sind keine Einzelgänger, sondern

gesellige Tiere", antwortet Herr Lubitsch. „Deswegen ist es nicht gut, wenn sie allein sind."

„Sollen wir vielleicht noch ein Pony kaufen?", fragt Lauras Vater.

Herr Lubitsch zieht die Schultern hoch. „Das müssen sie selbst entscheiden. Ich wollte es ihnen nur gesagt haben."

„Ein Pony reicht uns für den Anfang", brummt Lauras Vater. „Wir wollen ja keinen Reitstall aufmachen."

„Schade", sagt Laura, die alles gehört hat.

„Laura, du solltest Winni jetzt eine Weile allein lassen, damit sie sich in Ruhe mit ihrer neuen Umgebung vertraut machen kann", meint Herr Lubitsch.

Laura verabschiedet sich von ihrem Pony, als müssten sie sich mindestens eine Woche trennen. Dann geht sie mit ihren Eltern ins Haus. Sie stellt sich ans Wohnzimmerfenster und beobachtet Winni auf ihrer Koppel.
Plötzlich spürt sie eine Hand auf ihrer Schulter und dreht den Kopf. Mama steht hinter ihr und fragt: „Bist du jetzt zufrieden?"
Laura schlingt die Arme um ihre Mutter und drückt sich an sie.

Nicht zu bremsen

Laura verbringt jede freie Minute mit ihrem
Pony. Sie hat kaum noch Augen und
Ohren für andere Dinge. Jeden Tag
bürstet und striegelt sie Winni ausgiebig.
Dabei redet sie meistens mit ihr.
„Laura, du solltest daran denken, dass
Winni nicht alles im Leben ist", sagt
Mama. „Du vernachlässigst deine
Freundin und vom Klavierspielen will ich
gar nicht reden."
Laura murmelt etwas, was Mama nicht
versteht.
„Möchtest du nicht Lisa anrufen …"
„Heute nicht, heute möchte ich endlich mit
Winni reiten."
„Muss das sein?", fragt Mama. „Mir wäre
es lieber, du würdest warten, bis Papa hier
ist."

„Der kommt ja erst in einer Woche wieder", entgegnet Laura. „So lange kann ich nicht warten."

„Aber dann nur auf der Koppel", sagt Mama. „Hinaus lasse ich dich alleine nicht!"

„Jaja."

„Und erst wenn du mit den Hausaufgaben fertig bist", fügt Mama noch energisch hinzu.

Ohne ein weiteres Wort verschwindet Laura in ihrem Zimmer. Dort setzt sie sich gleich an die Aufgaben. Rechnen macht ihr keine Probleme, damit ist sie schon nach einer Viertelstunde fertig. Die angefangene Collage zum Thema „Das bin ich" für Kunst hat noch bis nächste Woche Zeit. Also weg damit! Laura nimmt ihr Lesebuch, schlägt die Seite 63 auf und liest:

Ich?

Heute haben mich meine Eltern
neu eingekleidet.
Neues Hemd.
Neuen Pulli.
Neue Jacke.
Neue Hose.
Neue Schuhe.

Meine Mutter und die Verkäuferinnen
haben immer gesagt,
alles passe gut zusammen –
und zu mir.

Aber
wenn ich die neuen Sachen trage,
ist mir ganz komisch.
Ich weiß gar nicht mehr,
ob ich noch ich bin.

So geht's mir auch manchmal, denkt
Laura. Wenn ich etwas Neues zum
Anziehen bekomme, muss ich mich erst
daran gewöhnen. Und wenn Mama mir
etwas besonders Schönes kauft, fällt mir
das meistens besonders schwer. Dann
habe ich manchmal auch so ein
komisches Gefühl wie das Mädchen in
dem Gedicht. Mädchen?, fragt sich Laura.
Sie liest das Gedicht noch mal. Es könnte
auch ein Junge sein, denkt sie. Aber ich
glaube, es ist von einem Mädchen die
Rede. Ob sich Jungs manchmal auch so
fühlen? Keine Ahnung. Jungs sind

sowieso irgendwie doof. Jedenfalls die meisten. Die haben nur Fußball im Kopf, sonst nichts.
Laura nimmt ihren Füller und schreibt:

> Ich finde das Gedicht gut, weil es mir manchmal auch so geht.

Damit hat sie eigentlich schon alles geschrieben, was ihr zu dem Gedicht einfällt. Aber das ist natürlich noch viel zu wenig. Sie schaut auf die Uhr und nagt auf ihrem Füller herum.

> Es ist gar kein richtiges Gedicht, weil es sich nicht reimt.

Noch ein Satz, aber immer noch zu wenig.

Warum dürfen Kinder nicht kaufen und anziehen, was ihnen gefällt? Dann würden sie sich viel wohler fühlen.

Jetzt sieht die Seite schon nicht mehr so leer aus. Und langsam kommt Laura in Fahrt.

Ich habe eine Lieblingsjeans, die wollte meine Mama schon wegschmeißen, weil sie verwaschen und am Po aufgeplatzt ist. Aber mir gefällt sie besser als die zwei neuen, die wir gekauft haben. Und bevor man den Po ganz sieht, gebe ich sie nicht her.

Bei diesem Satz muss Laura kichern.

Meine Lieblingsjeans gehört
zu mir wie …

Laura stockt und schaut vom Heft
auf. Ihr Blick geht zum Fenster und
folgt den vorbeiziehenden Wolken.
Nach einer Weile holt sie die
angefangene Collage aus der Schublade
und betrachtet sie. In die Mitte hat Laura
ein Foto von sich geklebt. Darunter ein
ausgeschnittenes Pferd. Rechts oben
klebt ein Klavier, links eine Pizza und ein
Eisbecher.
Laura fährt mit der Hand über ihr rechtes
Bein. Die Prothese gehört auch zu mir,
sagt sie in Gedanken. Sie ist mein halbes
zweites Bein und unterscheidet mich von
den anderen Kindern. So wie mich der

Leberfleck auf dem Rücken von den anderen unterscheidet.

Laura killert den angefangenen letzten Satz weg. Dann steht sie auf. Sie will zu Winni.

Auf der Treppe kommt ihr Mama entgegen. „Bist du mit den Hausaufgaben schon fertig?"

„Ja."

„Ich würde sie gern sehen."

„Ich zeige sie dir später." Laura will an Mama vorbei.

„Nicht später, jetzt gleich", sagt Mama ruhig. „Winni läuft dir ja nicht weg."

„Du bist gemein!", ruft Laura.

„Das bin ich ganz bestimmt nicht, nur weil ich deine Hausaufgaben sehen möchte."

„Doch!"

„Laura, nun mach kein Theater!", sagt Mama jetzt einen Ton lauter. „Wenn du alles gemacht hast, kannst du in fünf Minuten raus."

Laura kehrt um und geht zurück in ihr Zimmer. „Da!", sagt sie nur und zeigt auf ihr Deutschheft.

Mama nimmt es und liest. „Was soll denn das sein?"

Laura hält ihr das Lesebuch vor die Nase. „Zu dem Gedicht!"

„Laura!" Mama hat Mühe, sich zu
beherrschen. Sie nimmt ihrer Tochter das
Buch aus der Hand und liest das Gedicht.
Dann überfliegt sie noch einmal, was
Laura geschrieben hat. „Mehr ist dir dazu
nicht eingefallen?"

„Nein!"

„Und du glaubst, das mit dem Po
interessiert deine Lehrerin?"

„Weiß ich nicht."

„Was hast du denn am Schluss
weggekillert?", will Mama wissen.

„Nichts!"

Mama zieht die Augenbrauen hoch. „Seit
wann muss man denn nichts wegkillern?"

„Der Satz hat nicht gepasst, wenn du es
so genau wissen willst", sagt Laura
genervt.

Mama schaut wieder ins Heft. „Aber ein
richtiger Schluss ist das nicht."

„Wir müssen auch keinen Aufsatz
schreiben, sondern nur das, was uns zu
dem Gedicht einfällt. Und mehr ist mir
nicht eingefallen!"

„Schade." Mama legt das Heft weg und
überprüft noch die Rechenaufgaben.

„Kann ich jetzt endlich gehen?", fragt
Laura mit zitternder Stimme.

„Meinetwegen."

Schon ist Laura draußen.

Auf der Koppel legt sie Winni das
Zaumzeug an, sattelt sie und sitzt auf.
Dann reitet sie im Schritt am Koppelzaun
entlang. Dabei redet sie leise mit ihrem
Pony und sagt ihm, worauf es achten soll.
Und sie gibt mit den Beinen und den
Zügeln kleine Hilfen. Winni bewegt sich
mit jeder Runde sicherer.

Nach der vierten Runde fasst Laura die
Zügel kürzer, verstärkt den Schenkeldruck

und schnalzt mit der Zunge. Winni reagiert sofort und wechselt fließend vom Schritt zum Trab. Bei den ersten Trabsprüngen bleibt Laura noch sitzen, dann federt sie gleichmäßig mit.
Mama steht am Gatter und beobachtet alles mit angespannter Miene. „Nicht so schnell!", ruft sie Laura zu.
Aber Laura und Winni sind nicht zu bremsen.

Der erste Ausritt

Laura und Winni verstehen sich jeden Tag besser. Winni mag es, wenn Laura bei ihr ist, sie streichelt und mit ihr redet. Und Laura mag es, wenn Winni ihr entgegenwiehert, an ihr riecht und mit dem weichen Maul ihr Gesicht berührt. Sie mag überhaupt alles an Winni. Und sie kann es kaum erwarten, endlich mit ihr auszureiten. Aber Mama erlaubt es nicht, solange Papa von der Geschäftsreise nicht zurück ist.

„Ich muss heute Nachmittag in die Stadt, um ein paar Sachen einzukaufen", sagt Mama nach dem Mittagessen. „Du kannst mitkommen, dann kaufen wir noch eine neue Jacke und ein paar Schuhe für dich."
„Keine Lust", antwortet Laura. „Und keine Zeit. Ich muss bis morgen einen Aufsatz

schreiben und meine Collage fertig machen."

„Das kannst du doch auch später noch."

„Sonst sagst du immer, ich soll meine Hausaufgaben gleich machen", sagt Laura.

„Ja, schon ..."

„Ich bleibe lieber hier", sagt Laura, nimmt ihre Schultasche und geht aus dem Zimmer.

Mama will noch etwas sagen, behält es jedoch für sich.

Wenig später sieht Laura ihre Mutter im offenen Wagen wegfahren. Sie geht schnell zum Telefon, nimmt den Hörer ab, zögert und legt wieder auf. „Ich brauche niemand", murmelt sie vor sich hin, bleibt jedoch vor dem Telefon stehen. Wenn etwas passiert, könnte Lisa mir helfen oder Hilfe holen, denkt sie. Aber was soll

denn passieren? Winni und ich verstehen uns super, da kann nichts passieren.
Wenn Lisa dabei ist, wird Winni höchstens abgelenkt. Ich reite allein.
Zehn Minuten später führt Laura ihr Pony aus dem Garten. Da sie am Ortsrand wohnen, müssen sie nur ein kurzes Stück auf der Straße gehen.
„Hallo, Laura!", ruft eine Nachbarin. „Wo willst du denn mit dem Pony hin?"
Laura erschrickt. „Ich … ich will es nur ein wenig ausführen."
„Darfst du denn allein … mit deinem Bein … ich meine, ist das nicht zu gefährlich?"
„Nein", antwortet Laura nur und geht mit Winni weiter.

Die Nachbarin schaut den beiden kopfschüttelnd hinterher. Beim letzten Haus endet die Straße. Dahinter beginnt ein Feldweg, der zum nahe gelegenen Wald führt.

„Hier ist es schön weich", sagt Laura zu Winni. „Das ist gut für deine Hufe."
Winni setzt vorsichtig einen Huf vor den andern. Den Kopf senkt sie bis knapp über die Erde, um die neuen Gerüche aufnehmen zu können. Und ihre Ohren stehen nicht still.

„Keine Angst, Winni, es ist alles in Ordnung", redet Laura beruhigend auf sie ein. „Nirgendwo gibt es ein Hindernis."
Sie führt ihr Pony noch ein Stück am Zügel, bis sie spürt, dass es ruhiger wird und sogar zu grasen beginnt.

„Siehst du, hier draußen ist es schön", sagt Laura. „Und es gibt auch saftiges

Gras für dich." Sie streichelt Winnis Hals.
„Ich werde jetzt aufsitzen, dann reiten wir langsam bis zum Wald, damit du den Weg kennen lernst."
Laura schwingt sich in den Sattel. Dann nimmt sie die Zügel etwas straffer und tippt mit den Fersen kurz gegen Winnis Bauch. „Vorwärts."

Winni setzt sich in Bewegung und dreht sofort die Ohren nach hinten.
„Ich sage dir schon, wenn du aufpassen musst", sagt Laura. „Du kannst erst mal immer geradeaus gehen."

Es sieht so aus, als habe Winni Lauras Worte verstanden, denn sie geht ruhig im Schritt. Laura genießt es, mit Winni endlich ohne eingrenzenden Koppelzaun reiten zu können, auch wenn es vorerst nur im Schritt ist. Aber mehr will sie heute noch nicht wagen. Ihr Pony soll sich in Ruhe und ohne Angst wieder an das Reiten in freier Natur gewöhnen.

Nach etwa zweihundert Metern biegt der Weg nach links ab. Laura strafft den linken Zügel etwas und lässt den rechten ein wenig nach. Gleichzeitig drückt sie den inneren Schenkel gegen Winnis Seite und sagt. „Jetzt geht's nach links."

Winni wendet nach links.

„Sehr gut", lobt Laura ihr Pony. „Wir zwei schaffen es schon."

Mit jedem Schritt werden sie sicherer. Laura braucht nur kleine Hilfen zu geben, wenn sie die Richtung ändern will. Das Pony reagiert sofort. Es setzt gleichmäßig Fuß vor Fuß und Laura hat den Eindruck, Winni könne sehen, wohin sie tritt. Deswegen will sie Winni testen.

Ein Landwirt hat seinen Traktor mit angehängtem Wagen am Wegrand abgestellt. Laura möchte wissen, wann ihr Pony den Wagen sieht. Sie gibt ihm keine Hilfen und keine Zeichen. Winni geht genau auf den Wagen zu und bleibt erst stehen, als sie fast mit der Nase anstößt. Dann wirft sie den Kopf zurück und wiehert, als wolle sie sagen: Warum hast du mir nicht gesagt, dass etwas im Weg steht?

„Ruhig, ganz ruhig", sagt Laura. „Es ist doch nichts passiert. Aber jetzt weiß ich ganz sicher, dass ich für dich sehen muss."

Sie reitet um den Wagen herum und weiter bis zum Waldrand. Dort wendet sie und reitet wieder zurück.

Auf halber Strecke spürt Laura, dass ihr Pony unruhig wird. Es hebt den Kopf und lässt die Ohren kreisen.

„Was ist denn los?", fragt Laura. Sie schaut sich um, kann aber nichts Besonderes entdecken. Sie klopft Winnis Hals. „Ruhig, Winni, ganz ruhig."

Aber Winni wird nicht ruhiger. Laura lauscht – und hört Hundegebell. Das ist also der Grund für Winnis Unruhe. Das Gebell wird lauter und Laura sieht einen Hund näher kommen. „Keine Angst, der tut uns nichts", sagt sie zu Winni.

Aber je näher der Hund kommt, desto nervöser tänzelt Winni. Der schwarz-weiß gescheckte Setter springt wild bellend vor ihr herum.

„Hau ab, du blöder Köter!", ruft Laura, die Mühe hat, das Pony im Zaum zu halten.

Doch der Setter lässt sich nicht vertreiben.
Plötzlich wiehert Winni laut und steigt.
Laura stellt sich in die Bügel, beugt sich
nach vorn und kann sich so im Sattel
halten. Der Setter weicht vor Winnis
gefährlichen Hufen zurück.
„Romeo!", ruft jemand. „Romeo, bei Fuß!"
Ein Mann kommt angelaufen. „Romeo! Du
sollst gehorchen!"
Der Setter zieht den Schwanz ein, läuft ein
paar Schritte, dann legt er sich ins Gras.
Der Mann schimpft schon von weitem und
sein Hund kriecht ihm winselnd und
wedelnd entgegen. Der Mann gibt ihm
einen kräftigen Klaps und bindet ihn an
die Leine.
„Ich hoffe, mein Romeo hat euch nicht
allzu sehr erschreckt", sagt er zu Laura.
„Er ist mir leider entwischt, bevor ich euch
gesehen habe."

Laura kann gar nichts sagen, weil sie die immer noch erregte Winni halten muss. Wenigstens ist der Mann so vernünftig, dass er mit seinem Hund schnell weiter in Richtung Wald geht. Laura redet leise auf das Pony ein und langsam gelingt es ihr, Winni wieder zu beruhigen.
Das letzte Stück ihres ersten gemeinsamen Ausrittes schaffen sie ohne weitere Zwischenfälle. Und Mama ist zum Glück vom Einkaufen noch nicht zurück.
So bleibt Laura ein Donnerwetter erspart.

Ich und du

Nachdem das Gedicht „Ich?" im Deutsch-
unterricht besprochen worden ist, geht
Frau Sickinger zur Tafel und schreibt:

Mein Gesicht:

Ich habe ein Gesicht,
das passt mir selber nicht.
Doch es gehört zu mir,
wie dein Gesicht zu dir.

Die Kinder lesen das kleine
Gedicht. Und wie meistens meldet sich
Janina als Erste. „Mein Gesicht passt mir
auch nicht. Ich hätte lieber ein anderes."
„Das wäre aber schade", sagt Frau
Sickinger. „Dann wärst du gar nicht mehr
unsere Janina."

„Doch."

„Na, überleg mal!"

Während Janina überlegt, sagt Jessi:
„Mein Gesicht ist okay, aber mein Po ist
zu dick."

„Und ich wäre gern ein Stück größer",
murmelt Alexander.

Nach und nach sagen die meisten Kinder,
was ihnen an sich selbst nicht so gut
gefällt und was sie gern anders hätten
oder besser können würden.

„Ich finde es ganz prima, dass ihr so offen
und ehrlich seid", sagt Frau Sickinger.

„Das ist bei so einem heiklen Thema nicht
selbstverständlich."

Dann redet sie mit den Kindern über das
kleine Gedicht an der Tafel und wünscht
sich, dass alle ein ähnliches Gedicht über
sich schreiben.

„Ich bin doch keine Dichterin", ruft Janina.

„Vielleicht weißt du das nur noch nicht,
weil du es noch nie ausprobiert hast", sagt
Frau Sickinger.
Auch ein paar andere Kinder meckern,
weil sie nicht dichten können.
„Versucht es einfach mal", ermuntert ihre
Lehrerin sie.
Es dauert keine zehn Minuten, bis Jessi
mit den Fingern schnipst. „Ich hab eins,
ich hab eins!", ruft sie und liest sofort vor:

„Mein Po

Ich habe einen Po,
der macht mich gar nicht froh.
Doch zum Glück seh ich ihn nicht
und das war schon mein Po-Gedicht."

Die Kinder lachen und klatschen Beifall.
„Für die paar Minuten ist das wirklich

prima", meint Frau Sickinger
schmunzelnd.
Auch andere Kinder lesen ihre Gedichte
vor.
Manche sind lustig, andere eher ernst.
Einige haben mit dem Reimen
Schwierigkeiten und möchten lieber eine
kleine Geschichte schreiben.
Laura und Lisa brauchen etwas länger, bis
sie fertig sind. Lisa möchte ihr Gedicht
nicht vorlesen und zeigt es nur der
Lehrerin.

„Sehr schön", sagt Frau Sickinger.
Dann liest Laura ihr kleines Gedicht vor:

„Mein Bein

Mir fehlt ein halbes Bein
und das ist gar nicht fein.
Doch ich kann trotzdem gehn,
das könnt ihr alle sehn."

In der Klasse wird es ganz still. Frau
Sickinger schluckt und weiß nicht, was sie
sagen soll.

Nach der Schule fragt Lisa ihre Freundin:
„Warum hast du das geschrieben?"
„Weil es stimmt", antwortet Laura.
„Ja, schon … aber … ich …", stammelt
Lisa.
„Was ist denn?"

Lisa sagt nichts mehr.

„Warum soll ich nicht darüber schreiben?", fragt Laura. Sie klopft gegen ihre Prothese. „Das Bein gehört zu mir, so wie dein Bein zu dir."

Lisa bleibt stehen. „Ich kann mir nicht vorstellen, kein richtiges Bein mehr zu haben, sondern nur noch so ein künstliches. Ich glaube, ich könnte damit nicht gehen."

„Klar könntest du, genauso gut wie ich.

Aber jetzt reden wir nicht mehr von unseren Beinen." Laura nimmt Lisa an die Hand. „Ich hab eine Idee: Heute Nachmittag reiten wir zusammen aus. Du mit Wirbelwind und ich mit Winni."
„Hä?", fragt Lisa überrascht.
„Oder meinst du, Herr Lubitsch erlaubt es nicht?"
„Doch, ich glaub schon. Wenn ich ihm sage, dass ich mit dir und Winni ausreiten möchte, erlaubt er es bestimmt", meint Lisa.
Sie verabreden sich für den Nachmittag. Lisa soll Wirbelwind holen und auf Feldwegen hinter den Häusern zu Laura reiten.

Kurz nach halb drei spitzt Winni die Ohren und wiehert laut. Wenig später hört auch Laura Pferdegetrampel. Sie führt ihr Pony durch den Garten und sitzt auf.
„Hallo!", ruft Lisa.
„Hallo!", antwortet Laura.
Auch Wirbelwind und Winni begrüßen sich. Mama steht am Gartentor. „Seid mir ja vorsichtig! Und reitet nicht zu weit hinaus!"
„Jaja, du brauchst keine Angst zu haben", sagt Laura. „Wir passen schon auf."
Die beiden reiten im Schritt davon. Mama schaut ihnen hinterher und man sieht ihr an, dass sie sich Sorgen macht. Winni geht im Gleichschritt mit Wirbelwind. Es

sieht so aus, als fühle sie sich an der Seite eines anderen Ponys sicherer. Das rechte Ohr dreht sich abwechselnd nach rechts zu Wirbelwind und nach hinten zu Laura.

Als sie an die erste Abbiegung kommen, lenkt Laura ihr Pony mit kleinen Hilfen nach links.

Lisa staunt und fragt: „Ist Winni wirklich blind?"

„Nicht ganz, aber fast", antwortet Laura. „Ich hab's ausprobiert."

„Wie?"

Laura erzählt die Geschichte mit dem Wagen.

„Aber du kannst nur im Schritt mit Winni reiten", sagt Lisa.

Laura schüttelt den Kopf. „Heute traben wir."

„Ist das nicht zu gefährlich?"

„Du bist ja bei mir", antwortet Laura und lässt Winni traben.

Lisa ist sofort wieder neben Laura und beobachtet sie und das Pony aufmerksam. Winni trabt locker neben Wirbelwind her. Laura dreht den Kopf und strahlt ihre Freundin an.

Sie reiten, bis der Weg scharf nach rechts abbiegt. Lisa nimmt Wirbelwind zurück. Laura reitet weiter im Trab. Erst nach der Abbiegung bringt sie Winni zum Stehen. Lisa kommt näher und sagt: „Wenn man euch reiten sieht, glaubt kein Mensch, dass Winni fast blind ist und du … eine Prothese hast."

„Danke!"

Ulrieke Ruwisch

Pferdegeschichten

Mit Bildern von Silke Voigt

Inhalt

Das Pferd im Garten   101

Der Pony-Express   132

Das große und das kleine Glück   161

Das Pferd im Garten

Das erste Wort, das Marie gesprochen hat, war Pferd. Es war auch das erste Wort, das sie schreiben konnte. Auf all ihre Wunschzettel zu Ostern, zu Weihnachten und zu ihrem Geburtstag malte sie nur ein Wort: PFERD.

Außerdem wünschte sie sich einen Bruder, am liebsten einen großen Bruder, doch das schrieb sie nicht auf. Weil ein Bruder der Sohn von Mama und Papa wäre. Weil sich das Mama und Papa wünschen mussten. Weil Maries Wünschen da allein nicht viel helfen konnte. Das wusste sie.

Für ein Pferd jedoch konnte Marie ganz allein wünschen und auch viel tun.
„Wenn ich ein Pferd bekomme", erklärt Marie täglich, „dann bringe ich jeden Tag den Abfall in die Mülltonne."

„So viel Müll machen wir nicht an einem Tag", antworten ihre Eltern jedes Mal.
„Ich jäte Unkraut", fällt Marie ein. „Und mähe den Rasen."
„Lieber nicht", sagt Mama. „Das letzte Mal hast du den Salat gejätet."
„Und Rasen mähen ist nichts für kleine Mädchen", entscheidet Papa.

„Dann häkle ich Topflappen!", ruft Marie.
„So viel ihr wollt. Und in allen Farben. Wenn ich nur ein Pferd bekomme."

Die Eltern schütteln die Köpfe und schmunzeln. Marie hasst häkeln. Und ihre Topflappen sind so löchrig, dass man sie nicht einmal als Sieb für Klöße nehmen kann.

„Ich häkle Topflappen", verspricht Marie trotzig. „Für Oma Liese. Für Tante Gretel. Für Onkel Klaus. Und für dich, Mama."

„Ach", stöhnt Mama auf, „ich habe genug Topflappen."

Daraufhin wird Marie meist erst blass und danach rot im Gesicht. „Ein Pferd ist mein sehnlichster Sehnewunsch."

„Jaja", witzelt Papa, „ein Königreich für ein Pferd."

„Ihr seid so gemein!", schreit Marie aufgebracht und rennt dann in den Garten. Zu ihrem Lieblingsplatz. Zwischen Apfelbaum und Holzschuppen. Zur Schaukel. Dort kann sie besonders gut nachdenken.

Marie hat also bislang kein Pferd bekommen. Und noch nicht einmal einen Bruder. Weder einen großen noch einen kleinen.
Aber Marie gibt nicht auf.

Heute Mittag überreicht sie Mama ihren allerneuesten Wunschzettel. Denn Marie hat in sieben Tagen Geburtstag. Doch Mama sagt nur: „Marie, nein und nochmals nein!"

Und Marie läuft zu ihrem Lieblingsplatz, zur Schaukel.
Da sitzt sie nun mit Regenwettergesicht. Obwohl die Maisonne strahlt. Sie denkt nach und stößt sich hin und wieder wütend mit den Füßen ab.
Nie kriege ich das, was ich mir wirklich wünsche!, denkt sie. Nur so völlig unpferdische Pferde. Wie das Schaukelpferd oder dieses blöde Barbiepferd. Gemein!

Marie schaukelt so heftig, dass ihr blonder Pferdeschwanz auf und ab fliegt. Wie beim Galopp. Dabei schielt sie zum Geräteschuppen hinüber. Der wäre ein wunderschöner Pferdestall. Vor allem seit sie ihn aufgeräumt und geputzt hat. Drei Tage lang. Sie hat alle Gartengeräte in eine Ecke gestellt und den Rasenmäher davor. Und Bauer Heinz, der Nachbar, hat ihr sogar Stroh geschenkt. Das hat sie dann auf dem Boden verstreut. Richtig pferdegemütlich ist der Holzschuppen jetzt.

Marie springt von der Schaukel, stampft mit einem Fuß auf und knurrt: „Und mein sehnlichster Sehnewunsch geht doch in Erfüllung!"
Sie schnaubt, trabt zum Schuppen, öffnet die Tür und linst hinein.
Kein Pferd steht auf dem Stroh.

„Wenn Mama und Papa mir kein Pferd schenken", sagt Marie und scharrt mit dem rechten Fuß, „dann werde ich eben selbst ein Pferd."

Sie wirft den Kopf in den Nacken, wiehert wild und wuselt in den Stall. Den ganzen Nachmittag verbringt sie dort, legt sich sogar ins Stroh und träumt vor sich hin. „Marie!", ruft Papa von der Terrasse aus. „Abendessen!"

Marie schnaubt, schüttelt sich, steht auf und streckt den Kopf aus der Stalltür.
„Komm, mein süßer Fratz!" Papa breitet die Arme aus.

Marie wiehert hell und galoppiert quer über den Rasen auf ihn zu. Doch kurz bevor er sie in den Arm nehmen kann, bockt sie. Und schnaubt.
Papa lacht und tätschelt ihr den Kopf.
„Jaja, meine kleine Pferdenärrin. Komm, es gibt Pfannkuchen."

Stumm tänzelt Marie neben ihm her ins Esszimmer und setzt sich an den Tisch. Mhm, wie die Pfannkuchen duften! Ob sie Pfannkuchen essen darf? Zum Glück fällt ihr ein, dass Pferde Zucker und sogar Honigkuchen mögen. Und Pfannkuchen mit Ahornsirup sind süß und ähnlich wie Honigkuchen. Einen darf sie bestimmt essen. Wortlos lässt sie es sich schmecken. Ab und zu schnaubt sie genüsslich, dass ihre Lippen nur so vibrieren.

„Marie spielt Pferd", erklärt Papa, als Mama erstaunt die Augenbrauen hochzieht.
„Aha." Sie lächelt. „Ich hab noch nie ein Pferd gesehen, das Pfannkuchen isst. Vor allem nicht mit Messer und Gabel."
Marie stopft sich rasch den letzten Bissen in den Mund, lässt das Besteck fallen und schaut ihre Mutter mit großen blauen Augen an. Mama hat ja keine Ahnung!
„Magst du noch einen?", fragt Mama.
Marie schüttelt heftig den Kopf.

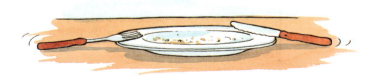

„Du isst die doch so gern", sagt Papa.
Marie wirft den Kopf in den Nacken und schnaubt, was „nein" heißen soll.
Papa sieht erst Marie, dann Mama überrascht an.
Mama zuckt die Achseln. „Das gibt sich wieder."
Wütend stampft Marie auf, bockt und trabt in ihr Zimmer. Sie ist und bleibt Pferd. Sie muss nur noch ein bisschen üben.

Nachdenklich betrachtet Marie ihr Bett.
Eigentlich müsste sie im Stroh schlafen.
Sie seufzt. Morgen. Heute ist das Bett
besonders gemütlich. Langsam zieht sie
Schuhe und Jeans aus. Sie weiß, dass
das nicht Pferdeart ist. Aber morgen.

Sie kuschelt sich ins Bett. Ohne
Zähneputzen. Welches Pferd putzt sich
schon die Zähne?
Die Stimmen ihrer Eltern dringen zu ihr
herauf. Ihr Lachen.
Ihr werdet euch noch wundern, denkt
Marie. Dann trabt sie endgültig ins
Pferdetraumland hinüber.

Am nächsten Morgen schiebt Marie laut schnaubend das Marmeladenbrot von sich, das Mama ihr geschmiert hat.
„Ich will Haferflocken!", wiehert sie.
„Sie spielt immer noch Pferd", sagt Papa zu Mama. „Das gab es noch nie."
Mama nickt und gibt ihrer Tochter ein Schälchen mit Haferflocken und Milch.

„Sie geht als Pferd zur Schule und kommt als Marie zurück."

„Brrrr", schnaubt Marie und löffelt mit gesenktem Kopf die Haferflocken. Werde ich nicht, denkt sie.

Papa mustert sie argwöhnisch und streicht ihr übers Haar. „Immerhin ist sie nicht so haarig wie ein Pferd."

Mama nickt und legt ihr das Pausenbrot und eine Banane hin.

„Brrrr", macht Marie, schüttelt den Kopf, steht auf, trabt zur Obstschale und klaubt sich einen Apfel heraus. Mit den Zähnen.

„Marie!", rufen Papa und Mama im Chor. Sie lässt ihn in ihren Schulranzen plumpsen, sattelt den Ranzen, wiehert kurz und – galoppiert davon.

Mama und Papa sehen ihr kopfschüttelnd hinterher.

Ein Pferd hat es nicht leicht. Findet Marie.
Vor allem, wenn man nicht als Pferd
geboren ist.
In der Schule will Frau Hoppe wissen, wie
viel 12 plus 5 ist. Das weiß Marie. Doch
als sie der Lehrerin das Ergebnis
vorwiehert, nimmt die Jens dran. Dabei
hat Marie erst fünfmal gewiehert. Und 17
wäre richtig gewesen. Gemein.

Maries beste Freundin Mirjam versteht ihr Schnauben und Wiehern auch nicht. Sie fragt Marie, wann sie am Nachmittag kommen soll. Und Marie wiehert dreimal. Doch Mirjam kapiert nicht, dass sie drei Uhr meint. Schade.

Zum Mittagessen kocht Mama Spaghetti mit Tomatensoße. Maries Leibspeise. Aber Pferde essen keine Spaghetti. Und das Möhrchen macht nicht satt. Zu dumm. Mama zuckt die Achseln.

Marie probiert im Garten das Gras. Es schmeckt nicht. Sie zockelt hungrig zum Gemüsebeet und rupft mit den Zähnen Sauerampfer und Salat. Die Erde knirscht zwischen den Zähnen. Nicht schön.
Marie hat Durst. Leider trinken Pferde weder Kakao noch Saft. Bloß Wasser. Und das selten aus Gläsern oder Tassen. Schwierig.

Am Abend legt sich Marie ins Stroh schlafen und wacht am nächsten Morgen im Bett auf. Weil Papa sie dahin getragen hat. Und Mama hat ihr den karierten Schlafanzug angezogen. Absolut unpferdisch.

Pferde müssen nichts anziehen, überlegt
Marie. Pferde haben ein Fell. Und
manchmal ist es braun. Sie hat eine
braune Jeans und ein altes braunes
T-Shirt. Zum Glück. Marie zieht beides an.
Und braune Strümpfe und braune Schuhe.

Mama und Papa gucken sich an. Dann
bringt Mama Marie ins Badezimmer und
wäscht ihr Gesicht und Hals. Und kämmt
ihr die Haare. Das ist in Ordnung. Pferde
müssen gestriegelt werden.

Hin und wieder wälzt sich Marie nach Pferdeart im Staub. Auf dem Feldweg, der hinter dem Garten entlangführt.

Mama und Papa ziehen wortlos die Augenbrauen hoch. Weil Maries Jeans und T-Shirt immer fleckiger werden. Nach drei Tagen zieht Mama die Nase kraus und Papa sagt streng: „Du müffelst, Marie."
Doch bevor Mama ihr das braune Fell über die Ohren ziehen kann, galoppiert Marie davon.

Es ist nicht leicht ein Pferd zu sein. Findet Marie. Und es wird von Tag zu Tag schwieriger.
Weil Haferflocken, Äpfel, Möhren, Gras, Sauerampfer und Salat nun einmal nicht nach Spaghetti schmecken.
Weil Mirjam nicht mehr mit ihr redet und sie allein lässt.
Weil in der Schule alle über sie lachen, obwohl sie am schnellsten galoppieren kann.

Weil Mama und Papa erst ein wenig ärgerlich wurden und jetzt gar nichts mehr sagen. Nur so komisch gucken.
Weil sie jeden Abend im Stall auf dem Stroh einschläft und jeden Morgen in ihrem Bett aufwacht. Seit sechs Tagen.

Am Samstagmorgen wacht Marie in ihrem Bett auf. Sie räkelt sich – und schnaubt.
Sie hat heute Geburtstag.

Rasch springt sie aus den Federn und galoppiert in ihrem Schlafanzug ins Esszimmer hinunter. Zu ihrem Geburtstagstisch.
Was für eine Enttäuschung.
Zwar wünschen ihr Mama und Papa viel Glück, streichen ihr übers Haar und klopfen ihr den Hals. Aber auf dem Tisch steht keine Geburtstagstorte. Sondern ein kleiner Trog mit Äpfeln, Möhren und Zuckerstücken.

Marie seufzt in sich hinein. Es ist ihr erster Geburtstag als Pferd.
Es brennen keine Kerzen. Und es liegen keine bunten Päckchen auf dem Tisch.
Als Pferd hat man es nicht leicht.
Lustlos knabbert Marie an einer Möhre.

„Ich geh dann mal", sagt Papa und zwinkert Mama zu.
Und weg ist er.

Marie schluckt. Sonst haben sie immer zusammen gefeiert. Etwas Schönes unternommen. Letztes Jahr sind sie zum Beispiel in den Zoo gefahren. Ein Pferd geht nicht in den Zoo. Jammerschade. Mama steht auf. „Ich muss noch einen Artikel schreiben", murmelt sie und tätschelt Marie den Kopf.
Marie wiehert leise, beugt sich über den Trog und lippelt ein Zuckerstückchen heraus. Ein Pferd weint nicht, ermahnt sie sich selbst.

Nach etwa drei Zuckerstückchen und einem halben Apfel hebt Marie den Kopf.

„Marie!", rufen Mama und Papa aus dem Garten. „Komm mal. Hier ist etwas für dich. Unterm Apfelbaum."

Nicht noch mehr Äpfel!, denkt Marie und schüttelt sich. Als Pferd hat man es nicht leicht, findet sie. Vor allem nicht am Geburtstag.

„Marie, Geburtstagskind, nun komm!", rufen Mama und Papa.

Langsam zockelt Marie auf die Terrasse. Sie bleibt kurz stehen. Sie schüttelt den Kopf. Sie reibt sich die Augen.

Ein Wunder!

Völlig unpferdisch jubelt sie: „Ist der schön! Ein richtiger Beatle!" Und rennt zum Apfelbaum. Zu Mama und Papa – und dem schwarzen Pferd mit der langen schwarzen Mähne.

Es ist Maries schönster Geburtstag. Auch weil sie wieder reden und gehen und essen kann wie Marie.
Dafür benimmt sich **Beatle**, ihr schwarzer Friese, wie ein Pferd.

Der Pony-Express

Daniel mag Lisa. Sogar sehr. Lisa hat einen lustigen, braunen Bubikopf und Knopfaugen wie Daniels Teddybär. Lisa ist mutig und manchmal ein bisschen frech.

Heute zum Beispiel hat der Lukas mal wieder den Daniel geärgert und laut in der Klasse rumkrakeelt: „Deine Turnschuhe sind wohl von Aldi, was? Abgegrabbelt und voll out."
Da hat sich Lisa vor Lukas aufgebaut und gesagt: „Pff! Wer Stroh im Kopf hat, dem helfen nicht mal die besten Turnschuhe."

Toll fand Daniel das. Daniel findet Lisa überhaupt Spitze. Nur traut er sich nicht, ihr das zu sagen.

Eigentlich kümmert sich Lisa meistens um die Ponys vom Ponyhof. Nicht so sehr um Daniel. Deshalb drückt er sich, so oft es geht, beim Ponyhof herum. Fast jeden Tag nimmt er Anlauf für den Ich-find-dich-toll-Satz. Doch kaum kommt er in Lisas Nähe und sie lächelt ihn an, hat er einfach keine Puste mehr für die vier Worte.

Das ist wie beim 50-Meter-Lauf. Wenn es heißt: „Auf die Plätze, fertig ... los!" Dann klopft sein Herz wie wild, er hechtet los – und kurz vor dem Ziel bekommt er keine Luft mehr, sondern Seitenstechen und muss stehen bleiben.

Daniel seufzt und lässt seinen Radiergummi über die Schreibtischplatte tanzen. Er ärgert sich darüber, dass er sich nicht traut, Lisa die vier Worte zu sagen. Soll er ihr vielleicht ein Zettelchen zustecken?

Nein. Wenn man jemanden mag, muss man ihm einen richtigen Brief schreiben, findet Daniel. Also gut.

Völlig bescheuert findet Daniel das und schmeißt den Briefbogen wütend in den Papierkorb. Nachdenklich nagt er an seinem Filzstift herum.

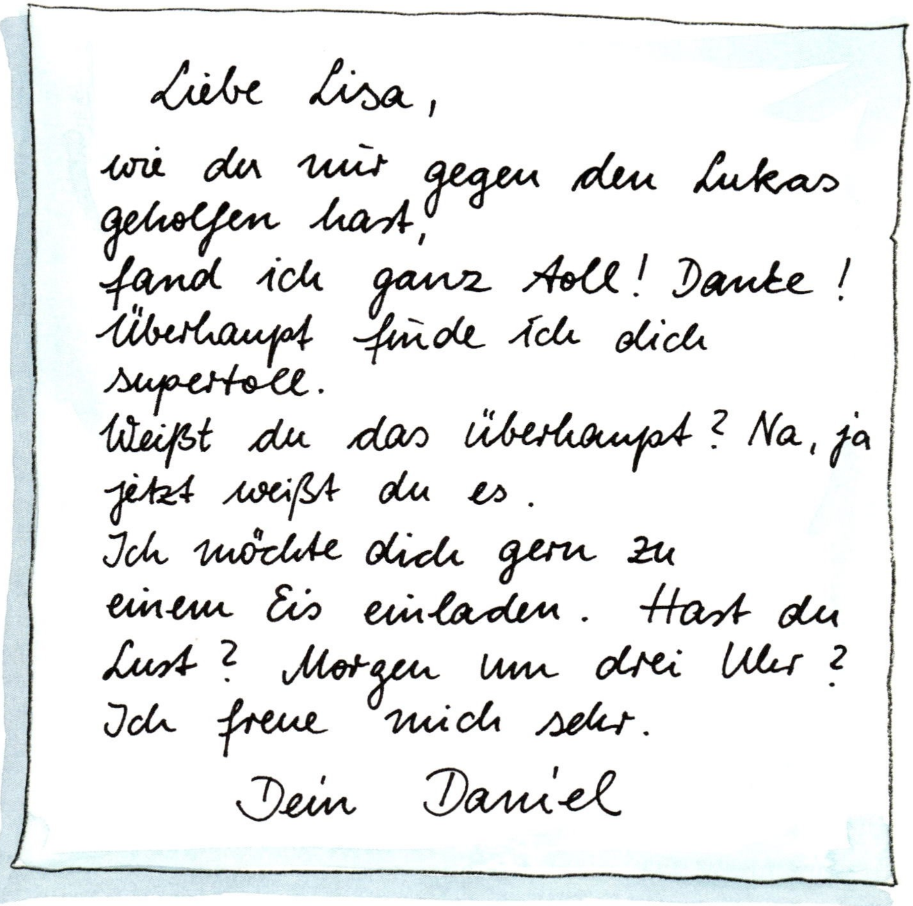

Liebe Lisa,

wie du mir gegen den Lukas geholfen hast, fand ich ganz toll! Danke! Überhaupt finde ich dich supertoll.
Weißt du das überhaupt? Na, ja jetzt weißt du es.
Ich möchte dich gern zu einem Eis einladen. Hast du Lust? Morgen um drei Uhr? Ich freue mich sehr.

Dein Daniel

Und jetzt? Soll er Lisa den Brief morgen heimlich in die Schultasche stecken?
Nein.
Soll er ihn vielleicht in Lisas Briefkasten werfen?
Ach nein!
Soll er Lisa den Brief vielleicht morgen in der großen Pause geben?
Lieber nicht. Sein Gesicht wird dabei nur blühen wie ein Strauß roter Rosen und Lukas wird ihn wieder aufziehen.

Daniel überlegt angestrengt. Für Lisa muss er sich etwas ganz Besonderes einfallen lassen. Am besten irgendetwas mit Pferden. Schließlich liebt Lisa Pferde. Daniel wandert in seinem Zimmer auf und ab und bleibt schließlich vor seinem Bücherregal stehen. Plötzlich weiß er, wie er Lisa den Brief überbringen will.

Vor ein paar Tagen hat er in seinem Lexikon über den Pony-Express gelesen. Im Jahr 1860 war der Pony-Express die schnellste Art der Postbeförderung zwischen Missouri und Kalifornien. Das liegt in Amerika. Eine Staffel von etwa 100 Reitern schaffte diese Strecke in acht Tagen. Und der Weg war sehr, sehr weit. So weit wie viermal von München nach Hamburg.

Daniel ist sehr froh, dass es von dort, wo er wohnt, bis zum Ponyhof nur ein paar Meter sind. Etwa so weit wie viermal ein 50-Meter-Lauf. Das schafft er allein. Ohne 99 weitere Reiter.

Einer der Reiter des Pony-Expresses war William Cody. Der war damals gerade mal doppelt so alt wie Daniel. Und später wurde er als Buffalo Bill weltberühmt.

Daniel will auch berühmt werden.
Wenigstens ein bisschen. Aber nicht
unbedingt als Cowboy.
Es gibt nämlich ein kleines Problem:
Daniel hat noch nie auf einem Pferd
gesessen. Im Gegensatz zu Buffalo Bill
kann er nicht reiten. Eigentlich hat er
sogar Angst vor Pferden. Auch vor kleinen
Pferden.

Buffalo Bill war ein richtig toller Reiter, das weiß Daniel ganz genau aus seinem Buch. Der ist bestimmt auf dem Pferderücken geboren worden.
Daniel lässt die Schultern hängen. Buffalo Bill ist auf einem Pferd geboren und er hat noch nie auf einem Pferd gesessen. Das gleicht sich irgendwie aus, meint er.

Es ist ganz einfach, macht er sich weiter Mut. Ich spiele den jungen Buffalo Bill und werde Lisa auf einem Pony den Brief überbringen. Wenn ich Buffalo Bill bin, dann werde ich dabei nicht rot wie Klatschmohn. Und ich werde reiten können.

Behutsam faltet Daniel den Briefbogen.
Geschafft.
Er zieht sein rotes T-Shirt aus und ein
blaues an. Vorsichtshalber. Rot macht
vielleicht die Pferde scheu, denkt er.

Dann steckt er den Brief vorsichtig unter
sein blaues T-Shirt und stopft es in den
Hosenbund seiner Jeans. So kann er ihn
nicht verlieren und hat beide Hände frei.
Die braucht er zum Reiten.

Dreimal atmet Daniel tief durch, bevor er sich auf den Weg zum Ponyhof macht. „Ich bin Buffalo Bill", murmelt er beschwörend und schleicht wie ein Indianer die Straße entlang. Vorbei an den Vorgärten. Breitbeinig wie ein Cowboy zu gehen, traut er sich nicht. Das ist zu auffällig. Er will nicht erkannt werden.

Sein Herzschlag dröhnt wie eine dahingaloppierende Wildpferdeherde, als er in den Feldweg zum Ponyhof einbiegt. Je näher er dem Hof kommt, desto wilder wird sein Herzgalopp.
Daniel schwitzt. Sein Bauch grummelt. Nervös fingert er nach dem Brief unter seinem T-Shirt. Er ist noch da.

Daniel schleicht weiter. Bis zu der großen alten Kastanie, die zwischen den Ställen und den Koppeln steht. Von dort, halb hinter dem dicken Stamm verborgen, hat er einen guten Überblick.

Einige Mädchen satteln auf dem gepflasterten Hof ihre Ponys. Wahrscheinlich machen sie mit Frau Ross einen Ausritt. Lisa ist nicht dabei. Sonst hätte er ihr seinen Brief erst morgen bringen können. Ein Ausritt dauert nämlich lange. Das weiß Daniel.

„Ich bin Buffalo Bill", nuschelt er und hält weiter nach Lisa Ausschau. „Ein Cowboy kennt keine Angst und reitet wie der Teufel."

An der kleinen Koppel mit den Fjordpferden steht Lisa nicht. Zum Glück. Das sind die größten Pferde auf dem Hof. Vielleicht besucht sie die Shetlandponys, hofft Daniel und schaut nach links. Einige der Shetys sind so klein, dass man mit den Füßen auf den Boden reicht, wenn man draufsitzt. Das hat Daniel schon einmal gesehen. Auf den Rücken eines Shetlandponys könnte er problemlos klettern.

Doch leider kann Daniel Lisa dort nicht entdecken. So genau er auch hinsieht und sosehr er es sich auch wünscht.
Wenn Lisa heute überhaupt nicht da ist? Er wischt sich seine feuchten Hände am T-Shirt ab. Vielleicht musste sie mit ihrer Mutter einkaufen oder zum Zahnarzt. Oder sie ist beim Pflaumenpflücken von der Leiter gefallen. Schreckliche Vorstellung! Dann kann der Pony-Express erst morgen starten ...

Langsam guckt Daniel nach links. Zur Koppel, die direkt an die Kastanie grenzt. Dort grasen Islandponys. Ziemlich große und ziemlich viele, findet Daniel. Zehn sind es. Und das sind genau 40 Beine mit Hufen dran, rechnet er aus.
Plötzlich hört er Hufgetrappel und fröhliches Stimmengezwitscher. Die Mädchen reiten los. Einige Ponys traben neugierig an die Zäune und sehen ihnen hinterher. Dann kehrt Ruhe auf dem Hof ein.

Nur Daniels Herz bockt. Er hat Lisa entdeckt. Am Eingang zur Weide mit den Isländern. Ausgerechnet.
Die Hälfte der Ponys zockelt neugierig zu ihr hin. Bestimmt hat sie Leckerli für sie. Die andere Hälfte grast friedlich weiter.

Wenn man von den Ponys absieht, ist Lisa allein. Zum Glück. Denn ein Brief, fällt Daniel ein, ist schließlich ein Geheimnis. Und er ist nur für den bestimmt, für den er geschrieben wurde. Er muss schnell handeln. Solange Lisa noch allein ist.

„Los, Buffalo Bill", murmelt er. „Die Post geht ab."
Vorsichtig schlüpft er durch den Lattenzaun und pirscht sich an ein kleines Islandpony heran. Es ist ein Fuchs mit strubbeliger Mähne.
An ihr kann ich mich gut festhalten, denkt Daniel.
„Buffalo Bill", murmelt er. „Ich bin Buffalo Bill."
Das Pony lässt sich nicht stören und grast ruhig weiter.

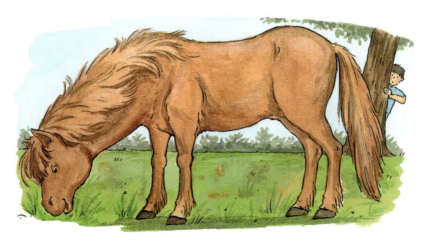

Je näher Daniel ihm kommt, desto cowboymäßiger wird sein Gang. Weil er Angst hat. Aber er hat nicht die Hosen voll.

Jetzt steht Daniel direkt neben dem Fuchs und guckt noch einmal rasch zu Lisa hinüber. Sie hat ihn noch nicht entdeckt. Und sie ist allein.

Daniel nimmt all seinen Buffalo-Bill-Mut zusammen, dazu ein wenig Anlauf, springt auf den Pferderücken – und wundert sich, als er tatsächlich draufsitzt.

Es fühlt sich gut an.

Das Pony schüttelt sich und Daniel krallt sich in seiner Strubbelmähne fest. Das Pony macht drei, vier Schritte. Und Buffalo Bill reitet. Es ist ganz leicht.

„He, Daniel!" Lisa winkt ihm zu. „Pass auf, Purzel ist manchmal ..."

Das Pony trabt an. Langsam verliert Buffalo Bill das Gleichgewicht und rutscht nach links. Verzweifelt krallt er sich in der Mähne fest. Das Pony trabt schneller.

Buffalo Bill gerät mehr und mehr in Schieflage. Lange kann er sich nicht mehr halten.

„Ruhig, Purzel", hört Buffalo Bill Lisas Stimme. „Brrr."

Das Pony bleibt unverhofft stehen. Lisa klopft seinen Hals.

Buffalo Bill plumpst ins Gras. Liegt als Daniel vor Lisas Füßen. Klatschmohnrot.

Jetzt passiert es, denkt Daniel. Jetzt werde ich in den Staub getreten. Von 40 Pferdehufen und von zwei Lisa-Füßen. Sanft stupst ihn eine Pferdeschnauze. Die von Pony Purzel. Es schnaubt ihm ins Gesicht. Das kitzelt. Daniel lächelt und streichelt ihm sanft über die Nüstern.
„Komm", sagt Lisa und reicht Daniel die Hand.
Lisa lacht nicht.

Daniel greift die Hand und steht auf.
„Das war mutig von dir", sagt Lisa. „Purzel ist nämlich ein ganz Wilder."
„Echt?", staunt Daniel.
Lisa nickt. „Du hast doch noch nie auf einem Pferd gesessen."
„Ich, ähm", stottert Daniel. „Ich ..."
„Dafür warst du richtig gut. Wirklich."
Lisa lächelt. Aber Daniel bekommt dieses Mal kein Seitenstechen.
„Kennst du den Pony-Express?", fragt er.
Lisa nickt.

„Ich wollte dir was geben", sagt Daniel erleichtert, holt den Brief unter seinem T-Shirt hervor und reicht ihn ihr. „Für dich."
„Danke", sagt Lisa, faltet den zerknitterten Bogen auseinander und liest.

Daniels Herz macht Bocksprünge und sein Gesicht leuchtet wie ein Rosenstrauß.
Aber er freut sich. Weil er es geschafft hat, ihr den Brief zu geben. Endlich war er einmal mutig.

Braune Knopfaugen strahlen ihn an. „Toll! So einen schönen Brief habe ich noch nie bekommen", sagt Lisa. „Ich mag Eis. Und dich."

„Prima", freut sich Daniel und umarmt vor lauter Glück Purzels Hals. Vergessen ist alle Angst.

„Und wenn du willst, gebe ich dir Reitunterricht."

„Super!", jubelt Daniel. „Und dann reiten wir gemeinsam durch den Wilden Westen."

Das große und das kleine Glück

Wie jeden Dienstag radeln Amelie, Teresa und Tobias zum Reitstall. Und wie jeden Dienstag strampeln sie, als ob sie der Teufel reiten würde. Vorneweg Teresa, dahinter Amelie und Tobias. Heute aber klebt die 8-jährige Amelie ihrer 10-jährigen Schwester Teresa besonders dicht am Reifen. Sie hat einen hochroten Kopf vor Anstrengung. Und Tobias, der 12-jährige Bruder, mag kaum folgen. Denn er mag weder, wenn seine Schwestern sich streiten, noch wenn sie sich verbissen anschweigen. So wie heute. Und alles wegen ein paar Zentimeter ...

Am Samstag hatte der Reiterverein des Nachbarorts ein kleines Turnier veranstaltet. Für den Reiternachwuchs aus der näheren Umgebung.
Amelie hatte bei der Ponyreitprüfung mit Flocke den fünften Platz belegt und Tobias bei der Springprüfung auf dem wilden Rocco Platz sieben. Teresa aber durfte zum ersten Mal auf Mona reiten, einer großen, dennoch zierlichen Hannoveranerstute, und gewann dann auch noch sofort die Jugendreitprüfung.

Seitdem trägt sie die Nase ziemlich hoch und blickt auf ihre kleine, auf einem Pony reitende Schwester herunter. Warum, das versteht Tobias allerdings nicht.

„Pass auf, dass du dir nicht die Nase einhaust", zischt Amelie vor dem großen Stalltor ihrer Schwester zu. „So hoch, wie du die trägst."

Teresa drängelt sich an Amelie vorbei.
„Pass du lieber mal auf, dass dir Flocke
nicht unterm Türspalt abhaut – klein, wie
sie ist."
„Manno, hört auf!", mault Tobias und tippt
sich mit dem Zeigefinger an die Stirn. „Ihr
habt echt einen Triller hinterm Pony."
„Und Amelie noch dazu einen unterm
Hintern!" Teresa lacht und marschiert
hocherhobenen Hauptes in die
Sattelkammer.
„Pfff!", schnaubt Amelie und geht zur Box
von Flocke, dem weißen Welsh Pony.
„Irgendwann werden wir's ihr zeigen",
flüstert sie Flocke zu und klopft ihr den
Hals. „Irgendwie ..." Flocke wiehert
dunkel.
Dann muss alles sehr schnell gehen. Die
Pferde sollen gestriegelt und gesattelt
werden. Gleich beginnt die Reitstunde.

Heute unterrichtet Raphael, der älteste Sohn der Reitstallbesitzer.
Ausnahmsweise und zur großen Freude von Teresa. Teresa schwärmt heimlich für ihn, obwohl er uralt ist mit seinen 20 Jahren.
Amelie und Tobias schütteln nur die Köpfe. Wie Teresa um den herumscharwenzelt! Sie hat nicht nur die Nase weit oben, sondern dazu auch noch den ganzen Kopf in den Wolken.

„Höhenluft ist nichts auf Dauer", raunt Tobias Amelie zu, als sie die Pferde in die Mitte der Reitbahn führen.

Amelie nickt und flüstert: „Sie hat zwar einen Vogel, aber ein Vogel ist sie eben nicht. Wird sie irgendwann merken."

„Aufsitzen!", gibt Raphael das Kommando.

Teresa entgeht nicht, dass ihre kleine Schwester als Letzte im Sattel sitzt.

„Bleiente", zischt sie Amelie zu. „Dabei ist Flocke so klein, dass man fast über sie stolpern kann."

Amelie bleibt keine Zeit zum Wütendsein, denn schon beginnt Raphael mit dem Unterricht. Nur ein „Immer-Teresa"-Maulen kommt ihr über die Lippen, als ihre Schwester die Abteilung anführen darf, sie selbst aber mit Flocke das Ende bilden muss.

Eine halbe Stunde lässt Raphael sie im Schritt, im Trab und im Galopp reiten, korrigiert von jeder und jedem den Sitz, erklärt, wie wichtig es ist, sich auf das Pferd einzustellen und einzulassen.

„Jedes Pferd hat seine Eigenheiten",
erklärt er weiter. „Ein guter Reiter spürt
das und achtet darauf."
Die Schüler hören genau zu und strengen
sich mächtig an.
„Abteilung links marschiert", gibt Raphael
das Kommando, „auf der Mittellinie Halt."

Die Reitschüler gucken ihn verdutzt an.
„Och", brummelt Amelie, „ist die Stunde
schon um?"
„Bei dir macht alles doppelt so viel Spaß,
Raphael", säuselt Teresa und klimpert mit
den Augen. „Ich lerne so viel bei dir ..."

„Ich auch", gibt Tobias zu, ohne mit der Wimper zu zucken.

„Aber eine halbe Stunde reicht nicht", beschwert sich Rosalie. „Mein Blacky hat sich noch gar nicht richtig austoben können."

„Absitzen!", befiehlt Raphael und ein Lächeln huscht über sein Gesicht. Enttäuscht bis widerwillig schwingen sich die sechs Reitschüler aus den Sätteln.

„Weil ihr alle schon recht gut reiten könnt ..."

Vor allem Teresa streckt sich vor Stolz.
„... werden wir jetzt die Pferde tauschen",
sagt Raphael und guckt von einem zum
anderen. „Dabei zeigt sich auch, wie sehr
ihr euch einfühlen könnt."
Sechs Augenpaare starren den Lehrer
gebannt an.
„Tobias, du tauschst mit Nicole", bestimmt
Raphael.
Nicole zieht leicht die Nase kraus, denn
ihr Wotan ist riesig im Vergleich zu Rocco.

Dafür aber ist Rocco wilder. In eine Ecke ihres Bauchs schleicht sich ein mulmiges Gefühl. Ob es Tobias ähnlich geht? Vielleicht tut der nur so cool.
„Rosalie setzt sich auf Sansa und Christoph auf Blacky."
Amelies Herz macht einen fröhlichen Hüpfer. Da bleiben ja nur noch ... Ha! Jetzt zeigen wir's ihr, freut sie sich und krault Flockes Mähne.

„Das geht doch nicht!", mault Teresa, die auch eins und eins zusammenzählen kann. „Warum darf ich nicht Sansa nehmen?"

„Du tauschst mit Amelie!", sagt Raphael bestimmt.

„Aber ..." Teresa schluckt. „Ich bin zu groß für so ein Pony und Amelie ist zu klein für Mona und am Samstag hab ich ..."

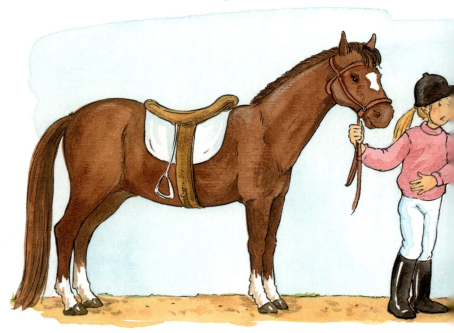

„Amelie reitet Mona und du reitest Flocke, basta", fällt ihr Raphael ins Wort.
Teresa zieht einen Flunsch, während Amelies Wangen glühen wie die Alpen in der Abendsonne. Sie streichelt Flockes Kopf und flüstert ihr was ins Ohr.
Teresa rührt sich nicht vom Fleck, versucht Raphael mit Augenklimpern umzustimmen. Vergeblich.

„Die zwanzig Zentimeter weniger", meint Raphael lässig und zeigt von Mona zu Flocke, „mindern nicht das Glück eines Reiters." Er sieht Teresa ernst an. „Oder hast du Angst?"
Sie schüttelt stumm den Kopf, drückt ihm Monas Zügel in die Hand und schleicht mit hängenden Schultern zu Amelie und Flocke. Amelie dagegen schwebt glücklich zu Mona hinüber. Dabei sieht sie aus dem Augenwinkel, wie Tobias sich mit ihr freut. Er grinst, als ob ihm tausende Engel vom Glück der Erde auf dem Rücken der Pferde singen würden.

Es dauert eine Weile, bis alle die Steigbügel für sich passend geschnallt haben und in den Sätteln sitzen. Während Tobias und Amelie mit der Sonne um die Wette strahlen vor Glück, spiegelt sich in den anderen Gesichtern Unsicherheit und ein leichtes Unbehagen.
„Alles klar?" Raphael blickt prüfend von einem zum anderen. „Gut, dann machen wir weiter. Abteilung marsch."

Langsam bewegt sich die Abteilung im Schritt von der Mitte auf den Hufschlag zu – das ist die äußere Reitbahn. Jeder und jede ist voll damit beschäftigt, ein Gefühl für das ungewohnte Pferd zu entwickeln. Und Raphael lässt seinen Schülern Zeit.

„Spürt genau nach, was anders ist. Wie es sich anfühlt. Lasst euch ein. Ja, gut, Amelie, sehr schön. Nicole gib Rocco mehr Raum, lass die Zügel lockerer. Tobias, nimm die Beine ran und setz dich tief in den Sattel, sonst schläft dir Wotan ein." Raphael entgeht nichts. „Genau, Rosalie, klopf Blacky den Hals. He, Christoph, halte die Hände ruhig, Sansa wehrt sich ja schon." Sein Blick richtet sich auf Teresa und Flocke. „Teresa, verkrampf dich nicht so, das überträgt sich auf Flocke. Setz dich gerade hin."

Teresa bemüht sich, doch in ihrem Gesicht ist die Anspannung abzulesen. Sie fühlt sich auf Flockes Rücken wie auf einem Pulverfass. Da bleibt ihr keine Zeit, Raphael anzulächeln und zuzuklimpern. Dreimal lässt der Lehrer seine Schüler die Reitbahn im Schritt umrunden, beobachtet genau, wie sie mit den Pferden zurechtkommen, und gibt gute Tipps. Dann ist er zufrieden.
„Ihr macht das ganz prima!", lobt er. „Da können wir's mit Traben probieren, nicht wahr?"
Alle nicken, bloß Teresa nicht.

„Okay. Aber einer nach dem anderen", bestimmt Raphael. „Erst Amelie, die anderen gehen weiter Schritt, dann Nicole und so weiter. Alles klar?"
„Klar", antwortet ihm ein fünfstimmiger Chor. Teresa bekommt keinen Ton heraus. Amelie trabt an und ist glücklich. Sie sitzt auf Monas Rücken wie auf einem Sofa.

Und auch das Durchparieren in den Schritt, als sie das Ende der Abteilung erreicht hat, ist kein Problem. Sie strahlt wie ein Honigkuchenpferd.

Nicole, Tobias, Rosalie und Christoph absolvieren ihre Trabrunde ebenfalls ohne größere Schwierigkeiten. Allerdings hat Teresa große Mühe, Flocke zu zügeln, als vor ihr Christoph mit Sansa forttrabt.

„Ruhig, Flocke", raunt Amelie, die nun direkt hinter Teresa reitet. „Nimm die Zügel nicht so kurz, das mag sie nicht."
Zu spät. Flocke kämpft gegen den Zügel an, macht einen Satz und – galoppiert los.

„Uuhh", quietscht Teresa, lässt die Zügel los und krallt sich verbissen in der Mähne fest.
„Brrr, Flocke, ruhig!", ruft Raphael.
„Teresa, ruhig! Und nimm die Zügel wieder auf."

Doch Teresa hat andere Sorgen. Weil Flocke im Jagdgalopp aufs Ende der Abteilung zurast, dann einen kleinen Schlenker macht und – alle überholt. Teresa verliert erst das Gleichgewicht, dann den Halt und plumpst schließlich in den Sand. Da hockt sie mit unglücklichem Gesicht.

„Hast du dir wehgetan?", fragt Raphael besorgt, nachdem er Flocke eingefangen hat.

Sie schüttelt den Kopf, guckt in die erschrockenen Gesichter ihrer Geschwister, steht auf und klopft sich den Sand von der Hose. Lächelnd geht sie auf Flocke zu, streichelt ihr den Kopf und tätschelt ihr den Hals. „Was ein Glück, dass Flocke kleiner ist als Mona. Da bin ich zwanzig Zentimeter weniger tief gefallen."

Alle lachen befreit auf und Raphael klopft
Teresa anerkennend auf die Schulter.
„Die Erde hat sie wieder", flüstert Tobias
seiner Schwester Amelie zu.
Amelie nickt und grinst. „Zum Glück!"

Manfred Mai wurde 1949 in Winterlingen auf der Schwäbischen Alb geboren. Dort hat er zunächst als Maler und Werkzeugschleifer gearbeitet. Später ist er Lehrer geworden und heute ist er ein sehr erfolgreicher Kinderbuchautor. Er lebt mit seiner Familie dort, wo er geboren ist.

Ulrieke Ruwisch, geboren 1958 in Groningen (Niederlande), studierte Germanistik, Philosophie und Publizistik in Münster, bevor sie in mehreren Verlagen als Lektorin arbeitete. Sie lebt heute als freie Autorin, Übersetzerin, Lektorin und Journalistin in München.

Silke Voigt wurde 1971 in Halle an der Saale geboren. Sie hat an der Kunsthochschule Burg Giebichenstein in Halle und an der Fachhochschule für Gestaltung in Münster Grafik-Design studiert. Seit 1996 arbeitet sie als freiberufliche Illustratorin. Sie lebt mit ihrer Familie in Welver.

Silvio Neuendorf, geboren 1967 in Düren, hat an der Fachhochschule Aachen Grafik-Design studiert. Seit 1995 arbeitet er als selbstständiger Illustrator und lebt mit seiner Familie auf einem Bauernhof in der Nähe von Aachen.

Leserätsel
mit dem Leseraben

Super, du hast das ganze Buch geschafft!
Hast du die Geschichten ganz genau gelesen?
Der Leserabe hat sich ein paar spannende
Rätsel für echte Lese-Detektive ausgedacht.
Mal sehen, ob du die Fragen beantworten
kannst. Wenn nicht, lies einfach noch mal
auf den Seiten nach. Wenn du die richtigen
Antwortbuchstaben in die Kästchen auf Seite 186
eingesetzt hast, bekommst du das Lösungswort.

Fragen zu den Geschichten

1. Wie kommt es zu Lauras Unfall? (Seite 16)
   W: Laura kann nicht mehr rechtzeitig bremsen.
   R: Laura fährt mit ihrem Fahrrad einfach ihrer Freundin hinterher.

2. Warum möchte Laura unbedingt Winni und kein anderes Pony haben? (Seite 54/55)
   E: Weil sie findet, dass Winni gut zu ihr passt.
   A: Weil Winni so klein ist.

3. Warum ist Lisa so erstaunt, als sie mit Laura und Winni ausreitet? (Seite 95)

I : Weil man gar nicht merkt, dass Winni blind ist und Laura eine Prothese hat.

K : Weil Laura und Winni im Trab reiten können.

4. Was steht an Maries Geburtstag unter dem Apfelbaum? (Seite 130)

O: Ein kleiner Apfelschimmel.

T : Ein Pferd mit einer langen schwarzen Mähne.

5. Warum ist Daniel so oft auf dem Ponyhof? (Seite 134)

L : Weil er sich gern um die Ponys kümmert.

E : Weil er gern bei Lisa sein möchte.

6. Warum lässt Raphael die Reitschüler die Pferde tauschen? (Seite 170)

N: Die Reitschüler sollen zeigen, wie sehr sie sich einfühlen können.

P : Damit die Kleineren auf großen Pferden reiten dürfen.

Lösungswort:

1	2	3	4	5	6

186

Super, alles richtig gemacht! Jetzt wird es Zeit für die RABENPOST.
Schicke dem LESERABEN einfach eine Karte mit dem richtigen Lösungswort. Oder schreib eine E-Mail.
Wir verlosen jeden Monat 10 Buchpakete unter den Einsendern!

An den LESERABEN
RABENPOST
Postfach 20 07
88190 Ravensburg
Deutschland

leserabe@ravensburger.de
Besuche mich doch auf meiner Webseite:
www.leserabe.de

1. Lesestufe für Leseanfänger ab der 1. Klasse

ISBN 3-473-36038-4

ISBN 3-473-36036-8

ISBN 3-473-36014-7

ISBN 3-473-36037-6

2. Lesestufe für Erstleser ab der 2. Klasse

ISBN 3-473-36043-0

ISBN 3-473-36041-4

ISBN 3-473-36039-2

ISBN 3-473-36021-X

3. Lesestufe für Leseprofis ab der 3. Klasse

ISBN 3-473-36054-6

ISBN 3-473-36051-1

ISBN 3-473-36024-4

ISBN 3-473-36052-X

Gute Idee.